宋政隆 著

政企合作项目

模式解析、实操落地与风险防控

台海出版社

图书在版编目（CIP）数据

政企合作项目模式解析、实操落地与风险防控 / 宋政隆著. –– 北京：台海出版社, 2023.12
ISBN 978-7-5168-3722-1

Ⅰ. ①政… Ⅱ. ①宋… Ⅲ. ①政府投资—合作—社会资本—风险管理—研究—中国 Ⅳ. ①F832.48②F124.7

中国国家版本馆CIP数据核字(2023)第223569号

政企合作项目模式解析、实操落地与风险防控

著　　者：宋政隆

出 版 人：蔡　旭　　　　　　　　　封面设计：回归线视觉传达

责任编辑：王　艳

出版发行：台海出版社
地　　址：北京市东城区景山东街 20 号　　　邮政编码：100009
电　　话：010-64041652（发行，邮购）
传　　真：010-84045799（总编室）
网　　址：www.taimeng.org.cn/thcbs/default.htm
E-mail：thcbs@126.com

经　　销：全国各地新华书店
印　　刷：香河县宏润印刷有限公司
本书如有破损、缺页、装订错误，请与本社联系调换

开　　本：710 毫米 × 1000 毫米　　　　1/16
字　　数：180 千字　　　　　　　　　印　　张：13.25
版　　次：2023 年 12 月第 1 版　　　　印　　次：2024 年 1 月第 1 次印刷
书　　号：ISBN 978-7-5168-3722-1

定　　价：68.00 元

政企智库
赋能各省市高质量发展

为贯彻习近平总书记关于"智库是国家软实力的重要组成部分，要高度重视、积极探索中国特色新型智库的组织形式和管理方式"等系列指示精神，落实中共中央办公厅、国务院办公厅《关于加强中国特色新型智库建设的意见》，形成定位明晰、特色鲜明、规模适度、布局合理的中国特色新型智库体系，重点建设一批具有较大影响力和国际知名度的高端智库。

智库建设是推进国家治理体系和治理能力现代化的重要内容，又为建设中国特色新型智库指明了根本方向，提出了总体要求。为此，各省市驻京机构商务协会联合设立专注于各省市高质量发展的北京各省市驻京机构商务协会"政企智库"。

北京各省市驻京机构商务协会"政企智库"的设立，旨在搭建政企智库与各省市县党委政府、政企智库与企业、政企智库与社会各界的交流合作平台，目的是促进各省市高质量发展与企业转型升级。

北京各省市驻京机构商务协会是由各省、自治区、直辖市、计划单列市人民政府驻京办事处、市（地、州）人民政府驻京联络处联合发起，部分央企国企、上市公司及优秀民企参与，于 2007 年在北京市民政局正式注册成立的具有鲜明特色的各省市"政企合作平台"。该平台多年来始终致力于各省市政府驻京办（驻京联络处）家乡"三招三引（招商引资、招才引智、招财引税）"与公益事业。为落实中共中央关于以高质量发展助推中国式现代化建设的决策部署，以落地项目为抓手，助力各省市县党委、政府"三招三引"与公益事业高质量发展。将充分发挥政企智库成员在项目、资金、人才、科技、文化等领域的优势，组织成员单位积极参与各省市"三招三引"、公益事业。以研究高质量发展过程中的新情况、发现新问题、采取新对策，使政企智库的研究成果能够惠及各省市政府和广大会员企业。发挥成员群体智力优势，组织智库成员与社会组织之间的广泛接触和深入交流，使智库成为各省市政府、企业及社会组织的外脑、智囊、思想库，帮助企业在资金、文化、战略、人才、技术等方面实现可持续发展，为智造企业品牌、城市品牌做出应有的贡献。同时加强与国内外智库机构的联系与合作，积极组织和参与国内外经济合作、产业协同、文化交流，发挥智库优势，促进各领域协同发展。

由各省市驻京机构商务协会"政企智库"牵头编写的《政企合作项目模式解析、实操落地与风险防控》，从众多成熟的政企合作案例中针对政企合作中可能出现的政策性风险、财务风险、运营风险等进行了预见性分析，并对如何进行对风险的有效防控做了案例分析，分别站在民营企业、金融资本和政府城投等不同角度，对责任、权利、义务和风险进行梳理和分析，旨在帮助企业和政府充分、快速地了解政企合作模式、操作流程、产业政策、法律法规和相关风险，有助于企业在项目合作时做到有的放矢，在激烈的市场竞争中脱颖而出，以政企智库综合软实力，助力各省市政企合作与高质量发展，以各省市高质量发展助推中国式现代化建设。

北京各省市驻京机构商务协会会长、

中国开发性金融大讲堂组委会执行秘书长、

各省市高质量发展智库秘书长、百城千县赋能工程秘书长、

中慈公益基金会会长、京忠智库共同主席

李延平

2023 年 8 月 1 日

为了加快城市和乡村的基础设施建设，提高社会基础服务和产品质量，政府在对民生项目进行建设、开发甚至是运营时，从加快建设速度、引入先进经验、分担项目风险的角度出发，越来越多地考虑与私人企业、民营资本合作，经过几十年的操作，也演变出了很多成熟的政企合作模式，直到今天，仍在不断改变。本书将对政企合作的传统模式和新型模式以及国家的相关法律法规和存在的风险等进行更有针对性的、系统的、全面的分析。

首先，本书将对政企项目合作的模式进行详细的介绍，包含 BT 模式、BOT 模式、BOOT 模式、BOO 模式、ROT 模式和 TOT 模式的由来、运作流程、优缺点等进行详细的讲解和分析。

其次，也会对目前流行的 PPP 模式和非 PPP 模式（如"投资人 +EPC"模式、ABO 模式和"特许经营 + 联合开发"）的交易机构、交易流程、相关法律法规和注意事项以及如何在几种模式中选择适合开发项目的模式等问题进行全面、细致的分析。

再次，本书对政企合作中常用的 PPP 模式和 ABO 模式在实践中会面临的开发流程、项目识别、采购和执行、移交和退出机制以及二者的联系和重要区别、风险管控措施等对于项目实际立项、报批、建设、交付的影响进行了系统化的梳理。

最后，针对政企合作可能出现的政策性风险、财务风险、运营风险等一系列风险进行了预见性的分析，并给出了防控措施，分别站在私人企业、民营资本和政府各方面参与者的角度，对责任、权利、义务和风险进行了梳理和分析。

在可预见的未来，政企合作依然会是国家基础设施建设和民生产品、服务项目的主要操作模式。充分了解政企合作模式及其操作流程、相关政策、法律法规和相关风险，有助于企业在项目合作时做到胸中有数、有的放矢，从而在激烈的市场竞争中脱颖而出。

目录

第四篇　政企合作项目风险防控

第一篇　政企合作项目模式

第一篇
政企合作项目模式的类型和演变

第一章 政企合作项目传统模式

第一节 BT模式

随着我国经济的发展和城镇建设的提速，以及政府宏观调控政策的不断完善，基础设施建设所需资金缺口不断加大，逐渐成为当下我国社会建设的一个突出问题。

由于传统的金融格局存在缺陷，产业资本、金融资本、建设企业及其关联市场存在很大的断层，资金缺乏系统性的管理，项目风险分担及其收益分配不对称，开发商、承包商、投资机构、承建企业很难形成以项目为中心的有效闭合合作主体，这就导致了各方之间的技术、优势不能互补，各方资源也得不到有效的相互支撑和共享。在此背景下，BT合作模式应运而生。

BT的含义是从建设到移交，是英文 Build 和 Transfer 的缩写，是政府建设非经营性基础设施项目时进行非政府资金筹集的一种融资模式。BT模式是BOT模式的另一种形式，指一个项目的运作通过项目公司总承包，然后进行融资、建设、验收合格后移交给业主（政府），业主向投资方支付项目总投资额外加合理回报（融资成本）的过程。故而，采用 BT 模式筹集项目建设资金成为政府非营利项目融资的一种全新模式，其运作流程也相对简单。[①]

一、BT 模式的运作

1. BT 项目的立项

政府根据所在地的社会活动需求和经济发展需要对所开发项目首先进行立项，进而陆续完成可行性研究、项目建议书、筹划报批等前期准备工作。随后将项目融资和建设等特许经营权授权给投资方（也可依法注册成立国有或私有建筑企业）、银行或金融机构，随后根据建设项目的具体情况进行投资风险评估，同时对投资方的技术、经验、经济等综合实力进行尽职调查，并由投资方为项目提供贷款或融资服务。政府与投资方签订的合同为 BT 项目投资合同，因此投资方签订合同后将组建 BT 项目管理公司，在建设期间行使业主的职能，对项目进行投融资、开发、建设、管理等工作，并承担该项目在建设期间所发生的风险责任。

2. BT 项目的移交

BT 项目建设完成后，依照 BT 项目合同的约定，投资方（项目公司）将竣工并验收合格的项目交付给政府相应管理部门，政府按照 BT 项目合同约定总价（计量总价加上合理回报）、比例及分期方式支付投资方的融资、建设和管理费用。

---

① 席敏，张婉君 . 我国基础设施建设中 BT 模式研究 . 经济纵横，2005（11）。

3.政府的权力义务

政府在 BT 项目投资、建设全过程中享有项目监管权力，保证 BT 项目能够顺利融资、建设和交付。

4.私营企业的考量标准

BT 项目管理公司的各个参与方（投资方、建设方和承包商等）是否具有与项目体量、规模相匹配的资金和技术实力，是该 BT 项目能否顺利完工并移交的关键。

二、BT 模式的意义

BT 模式的形成不仅减少了政府项目开发建设时的资金压力，有助于加快国家基础建设的步伐，而且还有其更深远的意义。

首先，通过 BT 模式运作项目，可以将预期的财政性收入即期化，这样不仅从某个层面拉动了内需，也同时拉动了地方经济的增长；采用项目模式可以更好地引导社会资本加入基础设施建设中，实现从宏观层面调整民间资本的投资方向，提高了资本的利用率。

其次，BT 模式有效地解决了政府财政性资金不足的问题。政策性及民生类的项目由于其独有的公共特性以及较大的建设资金体量、较长的投资回收期等显著特点，使得单纯靠财政性资金完成项目建设，必然出现政府资金不足的情况。虽然政府出现资金缺口是暂时性的，但是资金缺口会影响政府整体的发展规划和社会生活水平的提高。而政府分期回购的BT 模式有效地改善了财政资金缺口的情况，大大提高了政府基础建设的步伐。

再次，政府凭借强大的信任背书能力，大大降低了项目操作的风险，政府通过合同承诺分期回购也为包括投资者、金融机构等在内的 BT 项目公司主要组成成员提供了可靠、稳定、有保障的后端收益。

最后，BT 模式有效地优化了政府及民企的资源配置，合理地分散了项目风险。由于 BT 项目资金体量大，建设周期相对长，根据不同风险偏向引入不同的社会资本，多方共同承担项目风险，获取预期收益。

BT 模式的发展和使用，使产业资产和金融资产完成了有效的对接，形成了一种新的金融格局。具体表现为：既为政府解决了基础建设资金储备不足、融资难的问题，又为民间资本提供了参与政府项目投资建设的全新投资方向，为经济市场剩余价值找到了安全的、可靠的投资途径。BT 模式使融资机构、银行等资本方获得了安全的、稳定的股权或债权的投资收益，享受了项目收益。

BT 模式虽然给多方带来了益处，但也同样需要遵守投资行业的基本特性，遵从风险和收益的对等原则，遵守公平的分担与共享原则，不盲目追求高收益，而是要追求安全合理的利润率，强调政府、民间资本以及 BT 项目管理公司等需发挥各自的优势及主观能动性。BT 模式提高了项目各个参与方对项目的金融风险、操作风险以及系统性风险和不可抗力风险的识别、分析、管理及处理能力；有利于推进政府基础建设金融体制改革的脚步，帮助政府不断完善偿债机制并成立专项偿债发展基金；有助于政府健全国有资产运作机制，积极促使政府重新整合、规划各类固定和非固定资产，特别是属于特许经营管理类的重点政府项目。BT 项目模式不仅使 BT 管理公司（投资方、承包方、建设方等）获取了较为合理的投资效益，更提高了项目建设、运作、管理等的效率，增强了项目管理公司各参与者的项目操作能力、管理水平及参与市场竞争的能力；积累了 BT 模式下的融资和开发等操作经验，增加了政府项目施工业绩，为日后参与建筑市场竞争提供了有利的业绩条件。BT 项目模式同样扩大了项目资金的来源，该类型项目的顺利建设和交付使用，极大地推进了当地经济的可持续发展，提高了经济效益、增强了社会效应，同时也为其他行业项目的开发、融资、建设树立了积极的榜样。

只有积极推进政府项目金融模式的多元化发展，积极解决资金的制约途径，合理地利用并发展 BT 项目模式的资源优势并进行有效推广，才能更好地为政府项目开拓新融资渠道，加快中国现代化基础设施建设的步伐。

三、BT 模式运营的注意事项

BT 模式虽然可以解决政府很多关于项目融资的问题，为市场资金引导正确的投资方向，但是在操作中仍然有些问题需要引起投资方、项目承包方等参与者的注意。

1.法律条款的缺失

我国目前现存法律中，没有针对 BT 或 BOT 等相关方面的法律约束，也没有法律规范的合同文本。在 BT 模式中，涉及的回购协议、融资担保等没有直接的法律条款的约束和支持。

2.建设过程中产权界定模糊

政府和 BT 项目管理公司（由投资方、建设方、开发方等成立的项目管理公司）签订的合同中通常包含一个"回购协议"，即在项目交付时属于回购性质，因此在签订合同直到项目交付的这段时间内，该项目的产权究竟属于 BT 项目管理公司还是政府方难以明确界定。

BT 项目洽商时间相对较长，几乎没有类似的先例可供参考，BT 项目管理方即项目发起人和政府机构都需要耗费相当长的时间和精力进行相互交流并阐明各自的需求和意愿，尤其是在涉及双方如何在项目中分担风险的问题上，通常很难在谈判中达成统一。

3. 操作环节复杂，内耗大

在 BT 项目模式中，项目的前期准备、招投标、洽商谈判、签约，以及与 BT 项目有关的承包合同、建设合同、移交及回购等阶段，涉及政府的立项、风险评估、审批、授权以及融资担保等诸多环节，操作流程相对复杂，导致资金成本增加。

4. 参与者多，导致沟通协调难度大

在 BT 项目模式中，项目管理方（投资方、承包方、建筑方）、业主方（政府）等涉及的参与者相对较多，大部分参与方都有可能出于自身利益的考虑而作出对项目整体不利的决策和行为，如 BT 项目管理方在保证项目及工程质量的前提下一定是希望施工方和承包方的项目报价尽可能低，而施工方和承包方则站在自己的角度，要保证自己认为合理的盈利标准，因此双方均有可能采取有损 BT 项目的策略。

BT 项目模式的金融操作监管难度相对较大，并且我国目前尚没有明确的对应 BT 模式操作的相关法律法规。在 BT 项目模式中，各方构成的法律关系、合同关系的特殊性和复杂性相对较高，从而导致投融资监管工作复杂且难度相对较大，如银行及金融机构的贷款是以政府或政府机构的

"全额付款保证"作为担保的依据，并不是以 BT 管理方为主体出具的"抵押"作为担保依据，这也就导致未来的贷款偿还责任主体难以界定。

5."分包"严重，项目质量难以得到保证

由于政府和相关机构（业主方）直接与 BT 项目管理方进行业务交易，该项目的落实会因施工需求被精细化分工，因此就产生了项目分包的情况；BT 项目管理方通常会出于自身利益的考虑，在项目的建设标准、项目分包以及工程进度等方面作出调整，可能会使项目的各项指标达不到应有的质量标准；而政府方（业主方）聘请的专业监理公司、咨询公司也同样可能存在包含道德在内的风险而没有起到应有的实质性监督和验收作用，从而导致项目达不到预期的质量要求。

6.政策风险可能加大

BT 项目成立的前提条件是未来政府财政收入的实际增长，当地方政府的财政收入预期增长无法满足 BT 项目所约定的回购条件时，该 BT 项目就属于盲目扩张其固定资产和恶意扩大投资规模，不仅扰乱国家的宏观建设环境，同时极大损害了民间资本、投资人的经济利益，更破坏了市场环境和秩序。未来的 BT 模式出于对经济环境和秩序的保护，极大可能会受到政策性的钳制，这也就从侧面加大了 BT 项目模式的政策风险。

第二节　BOT模式

BOT 模式，即建设（Bulid）—经营（Operate）—转让（Transfer）的英文缩写，是民营企业参与基础设施的投资、建设、运营，并向社会提供公共服务的一种项目管理方式。

一、BOT 模式的发展历程

BOT 模式经常被用于发展中国家进行市政基础设施的开发建设，并已经取得了一定的成功经验，因而也得到了一些其他国家的青睐，被广泛引入。虽然它经常被当成一种全新的政企合作项目运作方式使用，但它的出现其实已有 300 多年历史。

BOT 模式最早出现在 17 世纪的英国。当时英国的领港公会负责所有的海上事务管理工作，包括灯塔的建设和经营等，并享有建造灯塔及向过往船只收取费用的权利。但是，在 1610 年到 1675 年间，领港公会并未自己建设一个灯塔，已有的十多座灯塔都是由不同的个人建造的。这种由私人建造灯塔并获得收费权的运作方式与 BOT 模式如出一辙，被视为 BOT 模式的雏形。在这种模式下，首先，由私营企业向政府提出投资、建造和经营灯塔特权的申请，其申请中必须包括由船主联名签名用以证明将要建造的灯塔对他们有利等的必要理由，此外还需包括愿意为其支付过路费的书面证明。其次，在项目的申请获得批准后，由私营企业向政府方（领港公会）租赁用于建造灯塔必须占用的土地。再次，在特许期内私营企业负责经营、维护、管理灯塔并向过往船只收取过路费。最后，在特权期满后，由政府方（领港公会）将灯塔收回并负责管理以及收取过路费。

1820 年，英国运营的灯塔共有 46 座，其中就有 34 座是由私人投资建造并负责运营的。由此可见，BOT 模式在项目的建设及运营效率上远高于行政部门。同历史中诸多其他的创新一样，BOT 模式也经历了相似的命运，那就是 BOT 在其诞生后的三百余年里很长一段时间无人问津，以致社会和人们几乎忘记了它的存在。一直到 20 世纪 80 年代，全球经济高速发展，城市等基础设施建设需求加大，BOT 模式得以重新回到经济建设的舞台，以至于有很多人将其当成新生事物来看待。

二、BOT 模式在中国的发展

BOT 模式在我国的政企合作中一般被称为"特许权"转让。其合作方式是政府及相关部门就基础设施建设项目的开发与私营企业（项目公司）签订特许权授权协议，授予签约方的私营企业（包括外国企业）负责并承担该特许经营项目的投资、融资、开发、建设、经营和维护的权利。在协议规定的特许经营期限内，许可私营企业融资、投资、开发、建设和经营其特定的公用基础设施，并允许私营企业通过向社会用户收取适当费用或出售公共服务产品等方式来回收投资、清偿贷款并赚取利润。同时，政府保有对该项目的监督权、调控权。在特许经营期满后，签约方的私营企业需要将该项目的基础设施和软硬件资产无偿移交给政府及相关部门。

三、BOT 模式的国际地位

在国际项目开发及金融领域，BOT 模式不仅包含项目的开发、建设、运营、维护和移交的流程，更是项目金融融资的一种手段、一种资本操作方式，还具有有限追索权等。

此处所说的项目融资，是指以项目自身资产和项目主体信用为基础的一种融资。项目融资是相对于企业融资概念所定义的。在通过项目融资方式筹集资金时，银行和担保公司等金融机构回收贷款本金和利息的依据只能是项目的资产或项目的收入，相应地，银行和担保公司等金融机构所承担的金融风险相对于以企业为主体进行融资时的风险要大得多。如果项目运作失败，银行和担保公司等金融机构则很可能面临无法追偿、回收贷款本息的情况，所以在此类政企合作项目中，交易结构和操作流程的设计就相对比较复杂。同样，在实际操作过程中，为实现相对复杂的交易结构，需要大量的前期调研和筹备工作，随之产生的费用也相对较高。

单纯地依靠项目资产抵押或只通过项目收入回收资金本金和利息的情况，在金融领域被视为"无追索权"。在实际操作政企合作项目时，如果采取 BOT 模式，政府或相关部门及 BOT 项目公司的股东们都在项目资产之外，额外地为该项目提供一定体量的风险担保，银行或担保公司等金融机构对政府及政府相关部门或项目公司股东的追索权也只限于担保范围内的额度，同样无法实现无限追索权。因此 BOT 模式下的政企合作项目的融资在一般情况下都属于有限追索权融资。

大部分 BOT 类政企合作项目都具有"有限追索"的特点，因 BOT 项目所发生的相应债务不会计入政府或项目公司及股东资产负债表，因此

BOT 项目公司的股东可以同时为多个项目筹集建设资金而不必为负债问题所担忧。正因为如此，BOT 项目开发模式受到了 BOT 项目公司股本投标人的追捧而被广泛应用于项目的开发中。

四、BOT 模式的三个特征

第一，私营企业通过投标的方式，获得原本由政府部门负责开发、建设和经营特定市政基础设施的特许经营权。

第二，获特许经营权的私营企业，在特许经营授权期限内负责项目的投融资、开发、建设、经营、维护和管理等工作，并以取得的收益和相关资产偿还贷款。

第三，特许权期限届满时，项目公司须按照协议约定无偿或有偿将该基础设施移交给政府。

五、BOT 模式的法律特点

BOT 投融资作为独特的资产运作方式，同其他的投融资方式相比，较为突出的法律特点表现在以下几个方面：

1. 权利转移

政府及相关部门通过与 BOT 项目管理公司签订特许权转让协议或相关授权合同，将市政公共建设项目的特许经营权授权给 BOT 项目管理公司，而该 BOT 项目的产权以及相关的软硬件资产则始终归政府及相关部门所有。BOT 项目管理公司也需要在相关协议或合同约定的特许经营期满后，将项目的经营权和管理权转交给当地政府。

2. 责任划分

政府根据签订的特许经营权转让协议或转让合同，通过特许经营权授权的方式将项目的投融资、开发、设计、建设、经营和维护权利转移给BOT项目管理公司。

3.项目资金

采用BOT方式开发的项目，筹集项目建设所需要的资金全部由项目管理公司通过投资者融资、贷款等手段解决。政府及相关部门通常情况下不提供任何形式的资金或资产担保，但可根据情况适当给予项目一些贷款、担保或部分参股，届时，政府及相关机构会与项目管理公司共同投资该项目，并提前约定好项目收益的分配。

4.参与主体

政府及相关部门与BOT项目管理公司作为主体，通过特许经营权授权协议或授权合同达成政企合作意向。项目管理公司分别通过经营合同、投资合同、贷款合同、设计合同、建筑合同等与经营代理商、银行及金融机构、设计规划单位、建筑商、开发商等其他参与者达成与项目有关的融资、设计、建设、经营、维护等方面的合作。

六、BOT模式相关案例分析

在英国，最出名的海底隧道以及很多铁路开发项目都是采用BOT政企合作模式开发建设的。其中，最著名的BOT项目就是总投资额达103亿美元的英法海底隧道项目，又称英吉利海峡隧道、欧洲隧道。该隧道包括两条直径7.3 m的铁路隧道以及一条直径4.5 m的用于维修保养服务的隧道，隧道总长50 km。该隧道项目的管理公司——欧洲隧道公司（Eurotunnel）由英国海峡隧道集团、英国承包商、英国银行财团以及法国France Manche公司、法国承包商、法国银行财团等十个建设公司、开发公司及金融机构参与并组成。

在该隧道项目中，开发、建设、运营的特许经营权授权协议于1987年在法国签订，政府授予项目管理公司 Eurotunnel 长达55年的特许经营期，即从1987年开始至2042年结束，其中包含了8年的建设周期，项目最终于1994年通车。在2042年之前，Eurotunnel 公司拥有该隧道的建设、经营权利，2042年后隧道将由政府收回。

在特许权协议中，政府对项目公司提出了三项要求：

（1）政府不对贷款作任何担保。

（2）本项目由私人投资建设，用该项目建成后的收入支付项目公司的建设费用和偿还债务。

（3）该项目管理公司被政府要求必须持有项目20%的股票。项目开发建设的资金来源须依靠其股票和贷款进行筹集。其中，股票价值约20亿美元，由承包商和银行持有2.8亿美元，由私营机构持有3.7亿美元，剩余的部分由公共投资者持有，共计13.5亿美元。该部分股票份额于1986—1989年间分4次进行发行。另有项目贷款83亿美元，分别由全球209家国际商业银行提供，其中主要用于设施建设的资金为68亿美元，用于备用设施建设的资金为15亿美元。

此外，英、法两国政府及相关部门允许 Eurotunnel 公司在运营期间自行确定该隧道的通行费。并且，该隧道项目实现伦敦与欧洲其他各国的高速铁路网络连接，项目收入的一半也是通过项目公司与各国铁路等部门签订的铁路隧道通行协议获得。其他的项目收入来源则来自往返伦敦及欧洲各国的运载商业机动车辆的高速火车通行费。为了保证项目的收益，英、法两国政府也保证，在 30 年内不允许建设第二个跨越海峡的连接通道。

在英吉利海峡隧道项目中，该项目管理公司 Eurotunnel 承担隧道建设的全部风险，并为项目的总造价超支设置了高达 18 亿美元的备用金，用于保证项目的顺利完工。在岸上施工部分，工程造价则按一个固定价格标准的合同进行执行，隧道以项目目标费用为基准。项目管理公司按实际的项目造价加上目标价值 12.36% 的固定利润向各个承包商支付项目款，该费用粗略估计为 2.5 亿美元。如果隧道最终执行的造价在目标价格以下完成建设，承包商将得到所节约造价的一半作为资金奖励；如果实际执行的费用或施工进度超过了设定的目标值，则承包商将负有主要责任并按照特定数量的赔偿金额作为损失费赔偿给项目管理公司。另外，因不可抗力或者不可预见的地质条件抑或通货膨胀的影响，合同的目标价格要服从于市场价格的调整。

第三节 BOOT模式

一、BOOT 模式简介

1. BOOT 模式的特点

BOOT 是英文 Build–Own–Operate–Transfer 的缩写，即建设 – 拥有 – 经营 – 移交的意思，是一种将投资结合承包的项目经营管理方式，近年来才在国际项目承包市场上出现，优势明显，主要体现为获利面更广、受益时限更长、回报也相对较高。正是由于该项目管理方式的优点众多，因此对于项目管理公司以及承包商的要求也更高。首先，必须要有资金的管理能力，因为承包商同时也是投资方；其次，必须要有保证项目进度和质量的能力，因为承包商同时也是建筑方；最后，必须要有保证项目盈利的能力，因为承包方同时还是运营方。

2. BOOT 模式与 BOT 模式的区别

BOOT 模式是 BOT 模式的一种表现形式，二者的区别主要体现在两个方面：

首先，项目所有权持有不同。在 BOT 项目管理模式中，项目竣工后，项目方（私人企业）只拥有所建成项目的经营权；在 BOOT 项目管理模式中，项目竣工后，在协议规定的期限内，项目方（私人企业）不仅有该项目的经营权，同时也持有该项目的所有权。

其次，项目的持有时间不同。在 BOT 项目管理模式中，从项目竣工到移交给政府这段时间，一般情况下会比采取 BOOT 这种持有并经营项目的模式短一些。

二、BOOT 模式存在的意义

BOT 有很多种衍生形式，且每一种都不同，主要的差异表现在对于项目资产（大部分为市政基础设施），政府及相关机构所能接受的私有化程度不同。BOT 的项目管理模式代表着一种相对低级别的私有化程度，因为包含项目资产在内的项目设施等的所有权自始至终都不属于项目方（私人企业）。BOOT 管理模式则不同，其代表了中级别的私有化程度，因为项目资产的所有权在协议约定的时间内是由项目方（私人企业）所持有的。

　　因此，政府所采用的政企合作模式不同，反映出的是政府对某一行业私有化的接受程度。由于大部分政企合作项目都是相关市政基础设施项目，项目的建设会直接对社会及民生产生影响，此外，大部分政企项目还要占用公共资源，如土地、公路、铁路、广播电视网、市政管道等，因此政企合作项目的资产私有化程度是需要政府慎重考虑的一个问题。

三、BOOT 项目案例

南昌产业园综合污水处理项目：

2020 年 11 月 12 日，南昌高新区关于进贤产业园综合污水处理厂项目的特许经营项目的招投标发布了中标公告，中标单位为中广核环保产业有限公司，中标金额为污水处理单价：13.96 元 / 立方米。

本特许经营项目具体体现为该产业园区新建一座污水处理厂，污水处理规模近期设计为 1.0 万 m³/d，预计远期污水处理规模可达 3.0 万 m³/d，以此解决园区内产生的生活污水和工业废水的综合处理问题。

该污水处理项目的投资总额为 22245.66 万元。政府经过各方调研和方案探讨，决定对该污水处理项目采用 BOOT 的运作模式。在特许经营授权期限内，项目管理公司由中标单位全额出资成立。该项目管理公司拥有本项目的经营权，负责该污水处理厂的项目设计、融资、投资建设、运营及最后的移交工作。该项目管理公司通过为园区提供污水、污泥处理等服务获取相应利润并取得合理的投资回报。待特许经营期满后，该项目管理公司将项目资产（和项目有关的所有硬件设备和软件资产）及相关权利等移交给政府方。

本项目签订政企合作期限为 30 年，其中包含建设周期 1 年，运营、维护周期 29 年。合作约定期满后，项目管理公司将具有完全产权的项目资产及项目相关权益按项目合同约定的要求无偿移交给政府。

第四节　BOO模式

BOO 模式，即建设（Building）—拥有（Owning）—经营（Operation）的英文缩写，是一种具有高级别私有化的项目管理模式。在 BOO 项目管理模式中，项目管理公司被政府或相关部门赋予相应的特许权，投资、建设并经营某一项目，并在项目竣工后依然由项目管理公司负责运营，且不需要将此项基础产业项目资产移交给政府部门。

一、BOO 模式简介

1. BOO 模式的特点

BOO 模式是近年正在积极推广的一种全新的、市场化的、自由度高的政企合作项目运行管理模式。在该管理模式下，由企业投资并承担工程的设计、建设、运营及资产维护、员工培训等工作，且项目的所有硬件设备、软件系统的所有权均归属于企业。在此管理模式下，政府及相关部门负责监管、宏观调控、创造环境并提出需求，政府部门每年只需向企业支付服务费用即可享有由企业提供的包括硬件设备和软件系统在内的使用权及其相关服务。BOO 项目管理模式体现了"总体规划""分步实施""政府监督""企业运作"的建、管、护一体化的要求。

2.BOO 模式的优势

BOO 项目管理模式具有相对明显的优势，使得政府部门不仅节省了大量物力、人力，尤其是财力的投入，又可在快速发展的高新技术及激烈的市场竞争中凭借该模式下的企业技术优势始终处于行业领先地位。同时，企业也可以凭借和政府的合作，提高自己的背书效应，从该模式的政企合作项目的建设和运营中得到相应的投资回报。

二、BOO 模式与 BOT 模式的关系

1.BOO 模式与 BOT 模式的相同点

BOT 模式和 BOO 模式最明显的相同之处主要体现在，项目都是由私营企业为主体负责的投资公共基础设施的项目。但是在这两种不同的政企合作模式中，私人投资者或投资机构都是由政府或相关机构授予特许经营权协议或许可证，再以私营企业为主体成立项目管理公司，然后完成授权项目的设计、融资、投资、建设及经营。而且，在特许经营期间，由私营企业组建的项目管理公司享有项目的占有权、收益权，以及在项目运营时所包含的各个环节的权利，如投融资、工程设计、建设施工、设备器材的采购、项目的经营管理、业务运营、制定收费标准和完成盈利等，并承担对项目设施、器材设备的维护、维修和保养的义务。目前，在我国，为保证特许权项目的顺利竣工、运营，维护项目的正当收益，在特许期限内，如因政府的宏观政策调整等原因而影响到项目建设和项目运营，致使项目管理公司盈利受到损失的，政府通常允许项目管理公司根据具体的情况合理地提高经营收费或者适当延长项目管理公司的特许经营期限。同时，由于项目管理公司需要偿还贷款本金、利息等，或者需要外汇的，政府也会

站在项目管理公司的角度，尽最大努力保证项目管理公司的利益。但是政府出于自身性质考虑，并不会为项目承担过多风险，因此项目管理公司在一般情况下需要独立承担筹集资金（融资）以及项目建设、设备采购、经营维护等项目运营方面的风险，同样政府也不会为项目管理公司提供如固定投资回报率等的担保。出于对风险的考虑，金融机构和非金融机构一般情况下也不为 BOT 或 BOO 项目的融资提供担保。

2.BOO 模式与 BOT 模式的不同点

BOT 政企合作模式与 BOO 政企合作模式之间最大的差异在于：在 BOT 模式的项目中，项目管理公司在特许期限结束后，必须根据协议或合同要求将项目的硬件资产和软件系统等交还给政府；而在 BOO 模式的项目中，项目管理公司对项目的所有权不受时间约束，自始至终都保有对项目设施经营并获利的权利。

通过 BOT 模式的字面解释——建设—运营—移交，也不难推断国家对基础设施的掌控权，即作为民营企业、私人投资者，在正当经济利益驱使下，本着高风险对应高回报的投资原则，通过政企合作模式，投资国家基础公共设施的开发建设。同时，私营企业及私人投资者仅被授权项目竣工后在约定的期限内享有该项目的经营权和经营收入。也就是说，在特许经营授权期限届满后，该项目设施经营权及包含有形及无形资产在内的全部资产都将无偿移交给项目属地政府，项目设施的经营权牢牢地掌握在政府手中。而且，该模式下，在项目整个运作过程中，私营企业及私人投资者始终都不拥有项目的所有权。换言之，在 BOT 模式下，项目管理公司拥有一段时间的项目经营权，获利后先用于弥补投资，待真正盈利并特许授权期满后，再将项目交还给政府。而 BOO 模式则完全不同，项目的所有权始终属于项目管理公司，无须再交还给政府。

第五节 ROT模式

ROT 模式即改扩建—运营—移交，是 Renovate-Operate-Transfer 的缩写，是政府与项目公司（私人企业）针对现有设施、场馆的改造与运营而形成的一种政企合作方式。

一、ROT 模式简介

1. ROT 模式的特点

有学者认为，ROT 模式指政府部门将现有设施移交给项目公司（私人企业），然后由项目公司负责该设施改造的相关的资金筹措、改扩建及运营管理等工作，并以一定期限内的运营收入回收投资本金，获得收益，在期限届满后再将项目所有权及其相关权益全部无偿移交给政府及相关部门的一种方式。

ROT 模式可以简单地理解为是 BOT 模式与 TOT 模式复合运用的一种项目融资方式，只是不是建新设施，而是按照政府的要求将旧设施进行相应的改造、改建或者扩建等，使该基础设施和公共服务满足社会公众的需要。

2. ROT 模式的优点

ROT 模式的出现和广泛应用，对政府基础设施改造、升级起到了非常大的积极作用。

首先，ROT 模式的应用、民营企业的优先进场，可以协助政府及相关部门在项目的初期准备阶段就完成项目风险的评估及分配，有利于政府完成风险的适当转移。在 ROT 模式下，私营企业及社会资本凭借其先进技术和经营理念，参与政府项目的改建、运营和维护中，实现效率最大化，凸显项目价值，体现出 ROT 模式存在的实际意义。此外，ROT 模式的采用，也有利于政府向有着先进水平和经验的项目方（民营企业）学习，借鉴他们优秀的管理、建设经验，最大限度地减少政府人力、财力、技术等资源成本的投入。政府部门和私营企业在合作中还可以相互取长补短，发挥政府机构和私营企业各自的优势，形成互惠互利的长期合作关系，以最高效的成本和最快的速度为大众提供高品质的设施和服务。

其次，ROT 模式的应用帮助政府完成了相关职能的转换。以前，政府是大部分基础公共设施和社会公共服务的经营者和提供者。政府及其相关机构需要花大量的财力、人力资源在项目的改设、升级和经营上，这意味着市政基础设施项目的规划、决策、投资、改建、经营和维护等全部工作都要由政府部门自己承担，对政府的人力、财力和技术资源都是非常大的消耗。而采用 ROT 模式后，市政工程项目的融资、投资、改建、升级、经营和维护工作全部由民营企业承担。政府的主要工作只是对项目进行必要的规划、协调和监管即可。ROT 项目正式启动之后，政府及其相关部门的角色也由项目的主体执行人、责任人转变为服务的购买者、监督者和考核者。

　　最后，ROT 模式的应用充分发挥了政府的宏观职能。在项目运作过程中，政府只需要从项目的整体和态度上对项目的开展、运营提供宏观政策、法律性保障即可。同时，在该模式下，政府的微观职能也得以充分发挥，主要体现在对项目的规划和监督给予必要的支持。一是，市政府要为工程的顺利建设向项目公司提供可使用的技术、材料、劳动力等物质支持。二是为承包企业提供税收优惠政策，尤其是在项目的运营期，政府通常会在政策允许的范围内尽可能地为企业提供更多的税收优惠政策。三是为了促进政企合作项目的开发效率，政府也会尽可能地减少、简化审批的手续和流程，最大限度地提高政府的工作效率，甚至在必要的时候成立项目专项责任小组或者指定有关主管部门对项目专项负责，规范政府服务，统一合作思想，协调参与项目有关各方的利益，尽力为合作的民营企业提供必要的行政及政策支持。四是政府只对合作的项目进行监督。由于传统政企合作项目中，政府通常扮演的是发号施令的领导角色，这种身份和行为在政企合作项目中会对私营企业的合作热情和运营决策等产生较大影响，有时甚至会直接或间接地破坏企业的正确决策，对项目的运营造成极大的阻碍。而 ROT 模式是以合作和信任为基础，避免了政府单方面命令和控制行为的出现，有利于项目的顺利、安全、快速进行。

第六节　TOT模式

TOT 即移交—经营—移交模式，是英文 Transfer–Operate–Transfer 的缩写。

一、TOT 模式简介

1. TOT 模式的运作

TOT 政企合作模式是目前国际上使用频率较高的一种项目运作模式。在这种操作模式下，通常先由政府部门或相关单位完成项目的基础开发和建设工作，然后再将该项目的特许经营权有偿转让给由民营企业组成的项目管理公司（资方或者个人企业）去运营和管理；而项目管理公司则在授权协议约定的期限内通过经营收益回收投资并获取合理的利润。在合同约定期满后，项目管理公司再将该项目的所有权和相关权益移交给政府或相关单位。

2. TOT 模式的特点

TOT 模式一般情况下是为了配合 BOT 模式，目的是保证 BOT 项目顺利进行。正因为如此，在实际操作过程当中，政府通常会将 TOT 模式项目和 BOT 模式项目打包成一个项目池一起运作，以达到项目运作的最佳效果。

首先，由项目管理公司设计 TOT 方案并上交政府报批。以政府为主体的转让单位必须根据国家的相关法律法规编制 TOT 项目建议书，待项目建议书编制完成后再按照规定上报有关部门批准，项目才能落地实施。

其次，按照我国现行法律法规的约定，通过公开招标等方式选择项目管理公司。招标程序大体与 BOT 模式相同，包括前期招标的准备工作、投标方的资格预审、招标文件的准备工作、公开评标等流程。

再次，由投标成功的项目公司与投资者洽谈，达成转让项目在未来约定期限内的全部或部分经营权协议，并获得融资。

又次，转让方利用 TOT 模式中转让资产取得的资金进行新项目的开发和建设。

最后，在 TOT 模式下，合同约定的项目期满后，由政府部门回收转让的项目资产。并且，项目管理公司有责任保证项目资产是在无债务、未经担保、设施完好且运营良好的情况下移交给政府部门的。

二、TOT 模式的意义

开展 TOT 项目融资，无论是对政府还是对承包方均有非常实际的意义。

一是有助于政府盘活存量资产。TOT 模式的应用有助于盘活政府基础设施的存量资产，是助力政府开发、经营城市的新途径。随着城市扩容速度的不断加快，政府及相关部门十分迫切地需要大量流动资金用于新建基础设施。而面对不断增长且数额巨大的资金需求，仅靠地方财政拨款可以说是杯水车薪。与此同时，在经过了几十年建设的城市中，现有基础设施中的大部分经营性项目及资产的融资功能处于空闲状态，没有得到应有的和充分的利用，不少城镇也已经出现了资产沉淀的现象。于是，盘活存量资产并发挥其最大的社会和经济效益，也就成了每个政府需要面对的重大课题。而 TOT 项目管理模式的出现，正好解决了政府闲置资产和沉淀资产这一痛点问题。

二是大大增加了社会资产的投资总量。该项目管理模式以刺激公共基础行业发展来带动相关产业的整体发展，并以此达到促进整个社会经济持续稳步增长的目的。以 TOT 为管理模式的项目，不仅通过项目转让盘活了城市基础设施中大量的存量资产，同时也为更多的社会资本提供了投资城市基础设施建设的途径，从资本的高度刺激了相关产业的迅速发展，达到了促进社会经济平稳增长的目的。

三是优化社会资源配置。TOT 项目方案的实施有助于优化社会资源的合理配置，提高各方面资源的使用效率。计划经济时代，公共设施领域的经营大部分情况下都是沿用的垄断的经营模式，以民营企业为代表的社会面主体很难涉足。同时，由于垄断的经营模式给某些行业留下了很多"顽疾"，使得公共基础设施的运营水平和基础服务及产品长期处于相对较低的水平，且难以提高。在引入 TOT 项目管理模式后，项目自身受市场竞争机制的刺激，给基础设施经营单位带来了压力的同时也增强了其动力，有效地督促其改善管理体制，提高服务质量及生产效率。再者，参与 TOT 项目经营并负责融资的企业，大都是一些专业性较强的公司，在被授予项目经营权后，基本能充分发挥其专业领域的优势，并利用其经营过往案例的成功经验，迅速提高项目的运营效率、资源的使用效率和经济效益。

四是促使政府及相关部门观念和职能的转变。实行 TOT 项目运营模式后，首先，政府可以通过项目的运营真正感受到"城市经营"不仅仅是一个概念，更是一项科学、细致、严谨的工作；其次，政府为加大城市基础设施投入增加了一种新的融资手段；再次，政府的决策思维模式将发生根本性的改变，不再是一味地紧盯传统的"增量投入"，而是要站在发展的角度时刻关注"存量盘活"；最后，城市基础设施运营中引入了大量的社会其他经营主体后，政府的身份也从"运动员"角色转变为"裁判员"，工作的重心也可以更多地放在加强城市建设规划、引导社会资金投入、更好地服务社会和企业、监督企业运营状况等方面上来。

三、TOT 模式的优势

1. 与 BOT 模式相比

BOT 模式的操作方式是"建设—经营—移交"，TOT 模式则省去了风险最高的建设环节，使项目管理者避开了建设阶段的风险，项目授权后就能产生相应的收益。不仅如此，由于项目被授权后就已步入正常运营、管理、维护阶段，项目管理者可以利用经营收益权通过质押担保的方式向银行和金融机构等进行再融资，减轻项目管理者的资金压力。

2. 与借款模式相比

传统的向银行和其他金融机构借款的融资方式，本质还是一种普通的借贷合同关系。虽然通常也会有一些相应的担保措施，但银行和相关金融机构在提供贷款时并不直接参与项目的实际经营，通常只通过监管、间接监督等手段来保证资金的安全使用。如此，贷款者通常都要承担相对较大的风险。再者，由于银行或金融机构都或多或少地存在"惜贷"心理，因此贷款时苛刻的条款、烦琐的手续和相对复杂的人事关系等也常常令大部分项目管理者望而止步。而采用 TOT 项目管理模式，投资者通常会直接参与项目的经营管理，投资方和项目管理公司是利益共同体，二者会劲儿往一处使，尽最大可能地默契配合，使得项目的经营风险和资金风险都被控制在一定的范围内。

3. 与合作、合资模式相比

无论是合作模式还是合资模式中，均会牵涉两个以上的利益主体，合作的双方也必然会从各自不同的利益角度出发去考虑经营中出现的问题，所以合作、合资模式大都会存在一个"磨合期"，不利于决策的实施和落地，利润的分配也只能按协议或各方实际出资比例进行分配。但如果实行TOT 项目管理模式进行融资，其经营主体一般情况只有一个，合同约定的期限内融资、经营风险和利益都由项目管理公司一家承担。同时，由于只有一个管理主体，决策的效率也相对较高，指挥、协调工作以及决策落地都有很强的实效性。

4. 与承包和融资租赁模式相比

承包、实物租赁模式虽然本质上也是通过把项目的经营权在一定时期转让出去而获得融资，但是，与 TOT 项目管理模式中的融资相比，明显有许多不同之处。首先，TOT 项目管理模式中的管理公司主体一般为自然人，项目对外法人保持不变，项目资产的所有权及权利自始至终都是完整的；而在承包、实物租赁行为中，虽然项目管理方拥有独立的对外民事权利，但是项目资产的所有权及权利却变更为出租者，租赁方需要按合同约定支付给出租者租赁费用。其次，TOT 项目管理模式中的融资是两个法人单位之间的契约行为，承包者在合同约定期限内享有其独立的民事权利和相应义务，协议或合同约定的条款中一般都会规定承包者拥有部分财产所有者权利。

融资租赁方式是近年来才出现在市场上的新型融资方式，是指投资方/贷款方出资为项目管理者购买设备，并将其交给经营者使用，由经营者支付租金的行为。融资租赁方式根据设备的所有权归属，分为购买和租赁两种不同方式，合同主体也同时涉及供应商、出租人和承租人三方，其运作的实质是"以设备为资产担保达到融资的目的"。而 TOT 项目管理模式中的融资，合同主体只涉及财产所有人和社会经营者两方主体。项目管理方既是经营方又是投资者，既是项目建设方又是运营方，项目的改建、设备租赁、设备采购安装等皆由项目所有者承担，达到了规避风险的目的。此外，合同或协议中约定的项目交付后，项目管理者可立即投入管理运营并获取收益。

5. 与补偿模式相比

以其他项目开发权或额外的土地开发权作为补偿的项目，本身大都不具备盈利能力，一般具有较明显的公益性质。而 TOT 项目管理模式则不同，其项目本身符合经营性资产的特质且具有相对稳定的预期收益。对于项目的管理方和经营者而言，与获得其他开发权的补偿模式相比，TOT 模式免去了新项目可能因开发过程、建设环节等带来的风险和政策性风险以及可能面临的不可抗力等一系列风险，利益实现也较为直接稳妥。其运作方式无论是对项目所有者还是项目实际管理者或承包商而言，都相对有利且安全。

四、TOT 模式的实施问题

虽然 TOT 模式较其他融资模式有着非常明显的优势，但是在实施过程中仍有需要注意的问题。

例如，由于新建项目大都规模较大，资金占用也较多，所以项目建设过程中要注意避免"贪功喜大"、半途而废、效益过低等问题。首先，在进行项目融资前，为防经验不足，须做好项目的试点工作，在开发项目的过程中注意做好项目经验的积累和总结工作，遵循从小到大、从单项到综合的项目开发策略，逐步稳健展开。其次，在项目开发前要进行详细的项目评估论证，充分预估 TOT 项目可能带来的负面效应并设计相关的预案措施。对于事关国家建设、经济全局的重大项目，更需谨慎，切忌急功近利、草率决定。应从国民生活水平、经济全局的角度出发，严把各环节的审批、审核关，防止盲目冒进、重复建设、过度开发等情况的出现。

第二章　政企合作项目投资PPP模式

第一节　政府付费类PPP项目

PPP 是英文 Public Private Partnerships 的缩写，中文直译为"公私合伙制"，是指政府公共部门通过与民营企业建立合作伙伴关系，为社会大众提供基础公共设施、社会公共服务和产品的一种方式。私营企业或部门参与提供公共设施、服务及产品已有很长的历史并有很多案例可供参考，而 PPP 模式的出现却不过是近十年的事情。在 PPP 模式出现之前，市场上人们广泛使用的术语是 BT、BOT、PFI（民间主动融资）等。PPP 模式本身是一个相对广义的经济概念，基于不同的意识形态，世界各国对 PPP 模式的解释和理解也不尽相同。

PPP 模式的解释有广义、狭义之分。广义的 PPP 模式泛指一切政府与私营企业或部门为社会提供公共基础设施、公共服务和产品而建立的合作关系。而狭义的 PPP 模式则是一系列项目融资模式的总称，并包含前面提到的 BOT、TOT 等模式。

同时，由于世界各国对资本的认识不同，且各国分别处于发展 PPP 政企合作模式的不同阶段，导致各国在政企合作当中所使用的金融术语也不相同，解释亦不相同。其中广义 PPP 模式一般情况下被分为外包、特许经营和私有化三大类。

外包类的 PPP 项目模式一般是由政府进行投资，私营企业或部门仅承包整个项目中的一项或几项职能，比如企业在项目中只负责工程建设，或受政府委托代为管理维护设施，抑或只提供部分公共服务或产品，并通过政府付费实现收益。在外包类的 PPP 项目中，私营企业或部门承担的绝对风险相对较小。

特许经营类的 PPP 项目则不同，该类项目需要私营企业或部门参与该项目的全额或部分投资，并且在政府提供的一定合作机制下与政府部门共同分担项目风险，共享项目收益。同时，政府及相关部门也会根据项目的实际运营情况，向私营企业及部门收取一定的特许经营费或给予一定的补偿以达到公平合作的目的，这就要求政府部门有足够的能力协调好私营企业的利润和项目的社会价值之间的平衡关系，所以特许经营类的 PPP 项目最终能否成功，在很大程度上取决于政府及相关部门的协调及管理能力。政府有效的监督、管理机制的建立，不仅会让特许经营类 PPP 项目充分利用政企双方各自的优势，减少项目的融资、开发建设和经营成本，同时还能有效提高基础设施、公共服务及产品的质量，发挥项目最大的社会价值。由于项目的资产最终还是归政府及相关部门持有，因此一般特许经营类 PPP 项目也存在合同期满后的使用权和所有权移交的过程，即合同结束后，私营企业需要将项目资产的使用权或所有权交还给政府及相关管理部门。

私有化类的 PPP 模式中，私营企业需要负责项目的全部投资，并在政府及相关部门的监督管理下，项目管理公司通过向社会用户收费的方式实现利润并收回投资。私有化类的 PPP 项目，资产和所有权永久归项目管理公司所有，并且在不可抗力情况（如疫情等）下大都有无限追索的特性，正因为如此，在此类 PPP 项目中，私营企业将面临巨大的风险，反之，政府所承担的风险则微乎其微。

在很多发达国家，PPP 模式被应用得非常广泛，既用于市政基础设施的开发、投资和建设，比如水厂、电厂等，也广泛用于很多非营利基础设施的建设，如学校、医院、监狱等。

PPP 政企合作模式的优势相对较大，尤其是将市场竞争机制引进了传统市政基础设施的投融资中。政府部门也深知，通过市场竞争机制运作基础设施项目，并不等同于政府完全退出其资本领域。在市政基础设施建设不断市场化的过程中，政府同样需要持续地向基础设施建设投入资金。对政府部门而言，PPP 模式的意义就是在于政府在新模式下的资金投入要远远小于传统模式下的投入，两者之间存在的最大差异就是政府因采用 PPP 模式的获利。此外，PPP 模式较传统方式还有以下优点：

政府采用 PPP 模式完成基础设施建设可有效控制地方政府财政赤字。政府部门和私营企业在项目开发的初始阶段会共同参与项目可行性研究、方案制订、融资等项目运营过程，并借此从源头上保证项目在技术层面和经济层面的可行性，缩短前期准备工作的周期，从而降低项目开支。在PPP 模式中，只有在项目竣工并得到政府相关部门批准使用后，私营企业才能经营项目并获得收益。PPP 模式的这种流程和做法，在很大程度上提高了基础设施建设的效率，降低了工程造价成本，让项目的完工风险和资金风险得到有效控制。通过对众多 PPP 项目研究的结果表明，与传统的政企合作模式相比，采用 PPP 模式开发的项目为政府节约了平均 17% 的综合费用，开发建设也基本上都能按期完工。

PPP 项目模式的应用，还有利于政府职能的转换，并在很大程度上减轻了政府的财政负担，让政府可以从繁重的项目开发、建设事务中抽身，从以前的公共基础设施建设者、公共产品和服务的提供者转变为项目监督者。这种角色上的转变不仅提高了市政项目开发的效率，还提升了基础设施、公共服务和产品的质量。同时，社会资本的大量涌入，也大大缓解了政府财政支出的压力。

PPP 模式的推广也促进了投资主体的多元化。利用私营企业提供资本和开发服务不仅为政府提供了更多的资金和技能，还在不知不觉中促进了政府投融资体制的改革。不仅如此，私人企业参与项目开发，先进的经验和技术的引入，能够推动项目开发、建设、运营等多方面的革新，提高生产效率，推广并传播先进的技术、项目经验和管理理念。

PPP 项目可以让政府部门和私营企业之间取长补短，发挥各自的优势，弥补双方的短板，亦可形成互惠互利的长期合作目标，以更为高效的方式和更低的成本为大众提供更高质量的公共设施和高品质的社会服务。

PPP 项目模式中的风险分配较为合理。与 BOT 等传统模式不同，由于政府将承担一部分风险，PPP 项目在进展初期就可以实现风险的合理分配，降低了项目管理公司的风险，从而大幅提高了政企合作项目融资的成功率。不仅如此，政府在项目中分担了一部分风险的同时也享有一定的控制权，更便于政府对项目质量、进程和标准进行把控。

PPP 模式较传统政企合作模式而言应用范围更广。PPP 模式打破了私营企业参与公共基础设施项目时面临的多种限制，可适用于包括城市供热、供电等重要功能项目在内的各类市政公用设施和公共服务，还适用于道路、铁路、医院、学校、机场等设施的建设开发项目。

在社会经济全面进入知识经济时代后，资源、技术的汲取、分配与传播都在以更高效的方式进行，这一点在 PPP 模式中同样有着非常明显的体现。在 PPP 模式中，政府及相关部门负责政策的规划与执行，私营企业则负责政策的落地与执行。这种做法带来的益处非常明显：其一，大大减轻了政府长久以来因市政建设带来的财政负担。其二，将以私营企业为代表的社会力量引入提供公共服务的进程当中，强化了公民的存在感与社会认同感，提高了资源使用效能。其三，大大提升了基础设施和公共服务项目的开发、建设、运营效率。正是由于上述原因，在现代化、高速发展的社会进程中，对于 PPP 模式的研究和推广具有非常现实且积极的意义。

正如"风险与利益共存"一样，PPP 模式的发展也面临着诸多问题。

第一，PPP 模式的发展迫切需要政府及有关部门的大力支持。在 PPP 模式中，政府和私营企业合作双方的责任与权利会因政企合作项目的不同而存在差异，但政府的角色和责任在项目中始终不变——竭力为社会大众提供最全面、最优质的公共设施、服务以及产品。PPP 模式是在建设公共设施以及服务、产品这一领域中比较高效的政企合作方式，但依然离不开政府的有效规划、治理、监督和决策。无论在何种情况下，政府及相关部门都应从保护和提高公共利益的原则和立场出发，肩负起项目第一责任人的身份，并负责好项目的整体策划、组织招投标工作，协调各方权限和利益关系，提供全面的政策性支持，提高项目的社会价值。

第二，PPP项目最终能否完美落地离不开法律法规制度的保驾护航。包含PPP项目在内的任何政企合作项目的运作都需要立足于法律层面，对于参与项目的政企合作双方，需要明确各自需要承担的风险、责任和义务，并保护双方利益。在PPP模式下，项目的策划、设计、融资、开发、运营、管理和维护等各个阶段都可以独立选用政企合作模式，并通过不断完善法律法规对参与双方进行有效约束，这是PPP项目中政企合作最大限度发挥优势和弥补不足的有力保证。

第三，PPP模式的发展和应用也同样依赖专业人才和专业单位、机构的支持。由于PPP模式的运作项目大都采用项目特许经营权授权方式，所以大都需要进行结构化融资，这就要求负责融资的单位需要掌握专业的金融、财务以及相关的法律法规等方面的知识。为保障PPP项目融资顺利，一方面要求政府与政策参与方制定高效、规范、标准的PPP交易流程，并对PPP项目的运作提供相关技术指导和政策性支持；另一方面也需要金融机构和金融中介提供具体的、专业化的金融服务。

PPP模式的出现，是政企合作需求不断提高而催生出来的全新项目融资模式，它不仅解决了传统政企合作方式中出现的问题，更为政企合作打开了全新的视野，具有跨时代的意义。

第一，PPP模式是一种新型的项目融资模式。不同于传统的项目融资模式，PPP融资是以项目为主体进行的融资行为，是项目融资的一种表现形式，是以项目的资产体量、预期收益和政府方对项目的扶持力度为参考进行融资规划。项目竣工后的经营收益和政府扶持政策所带来的间接利益为项目的收益，其同时也是偿还贷款的主要资金来源。也就是说，唯有项目管理公司的资产和政府的有限承诺才是项目融资的安全保障。

第二，PPP项目模式的融资方式可以最大限度地吸引民营资本参与到社会基础设施建设项目中来，并能够提高项目开发效率，降低风险。这也正是传统政企合作项目中融资模式最欠缺的。政府及公共部门与私营企业、部门以特许经营授权协议为基础进行项目合作，双方共同完成项目的开发、建设，并对项目运营的整个流程负责。PPP项目模式中的操作规则使私营企业作为项目发起人可以参与到城市轨道、交通等项目的确认、策划、可行性研究、设计等前期准备工作中，这样不仅在很大程度上降低了私营企业的投资风险，还能让私营企业将过往投资建设项目中积累的成功经验、管理方法与先进技术运用到新PPP项目中，更有效地实现对项目开发、建设与运营的把控，从而将项目建设、投资的风险降到可控范围内，实现对政府与企业双方利益的有效保障。此外，PPP项目模式的采用对缩短项目开发、建设周期，降低项目建设、运营成本甚至优化政企双方的资产负债率等，均有正面的现实意义。

第三，PPP模式的运用在实际项目的开发中很大程度上保障了私营企业的合理利益。私营企业的投资是为了获取利润而不是仅凭投资回报去如期偿还贷款。由于大部分市政基础设施项目都是以服务社会、提高人民生活水平为目的的偏公益性项目，大都无利可图，因此很难对民营资本产生诱惑力。但如果采取PPP项目模式，政府部门可以在项目以外额外给予私营企业相应的政策性扶持作为对 PPP 项目的补偿，也就完美地解决了私营企业在市政基础设施项目中无利可图的痛点。通常，政府采用的扶持性政策有贷款担保、税收优惠、业绩加持以及沿线土地、管廊项目优先开发权等。这些补偿性的优惠政策可以在很大程度上提高私营企业和民间资本对政府基础建设项目投资的积极性。

第四，PPP 模式在帮助政府减轻投资负担和规避投资风险的基础上，更促进了城市基础设施服务及公共产品质量的提高。在 PPP 项目模式下，政府及相关部门和私营企业将共同参与到城市基础设施的规划、建设和运营中来，由私营企业负责项目的融资。PPP 模式有效增加了项目的资本金总量，优化了项目自身的资产负债率，节省了政府对项目的前期投资的同时，让私营企业从项目前期便于参与到项目中，与政府共担风险，并将一部分风险转移给私营企业，从而减轻了政府的风险，促使双方形成长期互惠互利的战略目标，以更好地为公众和社会提供高质量的基础服务。

第二节　可行性缺口补助类PPP项目

PPP 项目的融资模式是政府及相关部门与民营资本强强联合，政企双方共同发挥各自独有的优势，为社会发展提供城市公共设施或公共服务、产品而形成的一种风险共担、利益共享的长期合作伙伴关系。PPP 项目中通常由私营企业负责策划、设计、融资、投资、开发、建设、运营、维护基础公共设施、公共建设项目的大部分落地执行工作，政府部门负责监督并给予企业相应的政策性支持，企业则通过一定的政策或使用者付费机制获取相关利益并偿还项目贷款。

PPP 项目模式中常见的融资方式是政府及相关部门与民营资本形成长期的战略合作关系，提供公共设施、产品或服务。通常是由民营资本与政府及相关部门共同组建项目管理公司，以项目管理公司为主体负责 PPP 项目的建设运营，持有该项目的资产并承担项目风险。虽然 PPP 项目的最终目的是提高人民生活质量、提供公共产品或服务于社会公众，但 PPP 项目管理公司在本质上仍然是一个以营利为目的的市场经济综合体，有投资就会面临风险，有风险就意味着有收益，也意味着项目必须存在相应的投资回报机制。所以在 PPP 项目合同中通常都需要设置合理可行的付费机制，用来保证资本方的投资收益，规范项目的收益回报、调节项目的风险分配。

PPP 项目中常有政府付费、使用者付费与可行性缺口补助三种常见的付费机制。其中的可行性缺口补助付费机制作为一种折中的选择方式，非常具有代表性和特殊性。

首先，在 PPP 项目中最常见的也最常用到的是政府付费（Government Payment）机制，也就是政府直接付费给项目管理公司购买公共设施、产品和服务。政府根据项目设施的可用性、使用频率、运营成本和提供产品或服务的质量以及用量向项目管理公司付费。以学校、市政绿化、市政管廊、河道治理等项目为代表的非经营性的、公益性的项目大都采用政府付费机制。

其次是使用者付费（User Charges）机制。该机制是指由终端公共服务或产品的消费用户直接付费购买，项目管理公司直接从终端用户处收取费用，并以此获得合理收益用于项目的开发和运营成本的回收，常见的如高速公路、地铁以及供电、供热等的经营性项目。

最后是可行性缺口补助（Viability Gap Funding，VGF）机制。该机制是指使用者付费不足以满足项目成本回收及合理回报的情况下，由政府部门给予项目公司一定的经济补助，用来弥补使用者付费之外的缺口部分。可行性缺口补助机制介于使用者付费机制和政府付费机制之间。政府补助的形式通常包括土地划拨、投资入股、投资补贴、贷款补贴、贷款利息补贴、分红权转让、项目相关开发收益权等其中的一种或多种补贴形式。①

可行性缺口补助机制，是 PPP 项目运营中非常具有现实意义的一种付费机制，不仅解决了某些项目中私营企业回收成本和利润难的问题，更大大增加了 PPP 项目成功落地的可能性。

对于企业而言，有效的付费机制保证了项目管理公司的投资回收和合理利润的获取，从而促使项目管理公司高效率地履行其投资、开发、运营、管理等项目义务。可行性缺口补助机制的采用，不仅能弥补单一付费机制的局限性，使其具有相对较强的灵活性，更适用于较长周期的 PPP 模式项目的建设、开发及运营。此外，可行性缺口补助机制在项目的落地融资上也有积极作用，更大的灵活性和可预见性有利于更好地增强对投资方的吸引力。

对于政府而言，可行性缺口补助机制也有非常重要的现实意义，表现

---

① 李开孟，邱志青，蔚林巍 . 工程项目财务评价理论方法及应用 . 北京：中国电力出版社，2020.

在项目公司可以先通过使用者付费方式从使用者处收取一定比例的合理费用，然后缺口部分再由政府通过补助机制补齐，这样就大大减轻了政府的财政负担。此外，可行性缺口补助机制可采取的方式非常多样化，不仅给予了政府自由选择、整体规划与衡量的便利性，更有利于促使政府职能加快从监管型向服务型转变。

可行性缺口补助机制对于单纯的政府付费机制和使用者付费机制而言，有着非常明显的优势，但是在使用时，仍然有需要慎重考虑的因素。鉴于可行性缺口补助机制是以使用者付费机制为基础，因此需要符合使用者付费机制的适用条件：

首先，PPP 项目所提供的基础设施、公共服务及产品使用的需求量必须有相对准确的预期。需求量是否可以预期以及需求量的规模在很大程度上决定了项目预期受益的体量，同时也决定了社会资本的投资意向。这也是 PPP 项目在前期的论证准备工作中的重要步骤。

其次，由于可行性缺口补助机制是基于使用者付费的，所以项目中使用者付费必须具有实际的可操作性。基础设施和公共服务中的市政交通类项目中比较有代表性的高速公路、地铁等项目，能够明确地向使用者群体收取费用，并且收费方式成熟、经济、便捷。在使用者付费部分，可行性缺口补助机制更强调市场经济对项目定价的宏观调控作用，所以应充分考虑定价和调价机制的影响对可行性缺口补助机制的重要性。但在项目实际运营中又存在仅凭使用者付费机制无法使项目管理公司回收投资成本并获得合理利益的现象，比如国家根据相关法律和政策规定，某些项目中的相关产品和服务的价格实行政府指导价或者政府定价，此时就需要政府在实际开发运营成本和政府定价之间提供相应的补贴机制。

以政府付费机制为基础的可行性缺口补助机制，政府会依据项目中相关公共产品和服务的可用性、使用量和绩效中的一个或多个要素的综合考量指标向项目公司付费。可用性是指项目公司所提供的项目设施、产品或服务是否符合合同约定的标准和要求，使用量是指项目公司所提供的项目设施、产品或服务的实际使用量，绩效是指项目公司所提供的公共设施、产品或服务的质量。可行性缺口补助机制中的政府补贴部分与政府付费机制相似，都需要政府承担一定的财政支出或政策性补贴。虽然可行性缺口补助机制中政府可以选择的支出形式较为丰富多样，但仍可参考政府付费机制下的考评情况进行衡量。对于采取可行性缺口补助机制的项目，在项目运营及政府补贴期间，政府均承担部分直接付费责任。政府每年直接付费数额包括：私营企业承担的年均开发成本、运营成本和合理利润，再减去使用者付费的数额。[①]

第三节　使用者付费类PPP项目

使用者付费，同样是PPP模式中的重要类型之一。使用者付费类PPP模式是指由最终消费用户直接付费购买公共设施、产品和服务，项目公司直接从终端用户处收取费用，用来回收项目的开发和运营成本并获得合理收益。使用者付费项目是我国PPP模式未来发展的最为重要的类型。这种

---

① 财政部.PPP项目合同指南（试行），2015年1月19日.

项目不需要地方政府的财政支出，避免了政府的财政压力，同时能够对打造全新的商业模式、推动行业发展起到至关重要的作用。[①]

使用者付费类型的 PPP 项目，根据项目所在行业的不同、竞争程度的不同，可以分为垄断性项目和竞争性项目两种。

垄断性项目，是指 PPP 项目在所涉及的行业处于垄断地位，消费者在该特许经营范围内，根据生活和生产经营等的需要或政策法律法规等的规定而进行付费的项目。这种项目是社会大众为了满足日常需求而必须要付费的项目，若不付费则会给日常经营或生活带来实质性的不便或会违背国家的政策法律等，例如污水处理、供电、供气、供热、高速公路以及地下综合管廊等项目。

竞争性项目是指 PPP 项目所涉及的行业存在充分的竞争，社会大众可以自主地选择消费或者不消费。这类项目虽然也和社会大众的日常生活及生产经营紧密相关，但是，消费者并非只能在该特许经营范围内进行消费，而是具有很大的选择权，如医疗、教育、文化旅游等领域。

对于垄断性使用者付费类项目，消费者基本都需要在该范围内进行消费，根据消费者的消费数量或消费频率等，可以相对精准地测算出项目经营收益。比如就污水处理项目而言，对特定范围内涉及排污的企业用户和家庭用户进行科学的统计，就可以相对准确地计算出用水量和污水排放量，从而根据定价准确地计算出该区域内收取的水费和排污费。再比如，地下综合管廊项目，只要能够对该范围内的入廊企业进行统计，也同样可

[①] 姜丹丹 .PPP 养老地产项目风险因素分析与控制策略研究 . 社会科学 I 辑，2021（02）

以相对合理、准确地计算出入廊费用及所需维护费用的总数额。有精准的商业数据作为参考，商业风险也会降低很多。

对于竞争性使用者付费类项目，社会民众及消费者可以自由地选择是否对该项目进行消费，所以该类项目很难进行收益的准确计算。比如文化旅游等项目，社会民众可以自由选择去哪个地方的旅游景区消费，该类型项目的收益体量难以准确地计算，导致商业风险加大。产业园区项目也是如此，尽管各地政府都推出类似税收优惠、租金优惠等政策对企业进行招商引资，而企业来或不来却有自主选择权，所以经常会出现某一区域的开发区竣工后企业入驻率很低的情况，与项目前期可行性研究报告得出的分析数据存在相对较大的差别。

项目类型不同，所产生的项目收益预测会存在较大的差异，导致项目融资时所面临的境遇也不相同。

垄断性使用者付费类项目，项目收益的可预测性及预测结果的准确性都相对较强，明确的预期收益使其商业风险相对可控，项目融资工作的开展也相对容易。正因为如此，在新 PPP 规定出台之前的很长一段时间内，大部分垄断性使用者付费类政企合作项目便已开始以 PPP 模式（当时称为 BOT 项目模式）进行开发、建设和运营，并且在融资过程中，即使是融资的主体以中小型民营企业对 PPP 进行融资，大部分情况下也比较容易获得银行及金融机构的贷款。

对于竞争性使用者付费类项目，与垄断性项目则大相径庭，因收益难以预测，导致商业风险不可控，从而很难获得银行及金融机构的贷款。银行及金融机构对于此类项目的融资，通常需要项目管理公司的股东提供担保或者直接以项目管理公司股东作为融资主体进行融资，并对股东各项资信要求相对严苛，通常也只有类似央企、大型国企或者上市公司等大体量企业才会获得认可。但是这类企业出于对国有资产的保护，绝大部分情况下为某一项目承担商业风险的可能性极低。因此，此类项目相对较难获得融资，项目执行的成功率也很低。

基于以上诸多原因，尽管各个地方政府积极地推出了很多使用者付费类项目，但是能够成功落地的项目却仅限于供电、供气、供热、污水处理、高速公路、地下综合管廊等垄断性项目。而地方政府较为热衷的竞争性使用者付费类项目，成功落地的却很少。

由于落地难度较大和风险较高，因此民营资本不敢贸然进入，使得竞争性使用者付费类项目成为 PPP 项目的蓝海领域。在未来的 PPP 项目市场中，随着社会和民营资本对 PPP 模式精髓理念理解的逐步深入，以及政府对 PPP 模式操作流程及相关法律法规的不断完善，会有越来越多有资金实力和先进运营理念的民营资本进入该领域，再加之政府的政策性支持，相信各类 PPP 项目会在我国获得更全面、更快速的发展。

第四节 "PPP+REITs" 盘活存量资产

为最大限度地发挥 PPP 模式中有效投资的关键作用，巩固并加强投资以维护持续增长的经济态势，刺激民营资本投资政企合作项目的积极性，政府部门不断规范并推广政府和民营资本的合作，大力推广 PPP 项目运营模式，进一步落地公共基础设施及公共服务、产品领域不动产投资信托基金（REITs）试点，从而盘活政府大量的存量资产，达到市政项目投资良性循环的效果。

公募REITs试点的大力开展和落地给政府市政基础设施的投融资体制带来了重大变革。推行PPP模式多年来，已形成大量PPP项目资产，而"PPP+RETIs"对这些资产，尤其是对大量已进入运营阶段的PPP模式项目资产将产生重大影响。"PPP+REITs"融资结构将是有效解决盈利性较低的PPP项目融资难、PPP项目落地执行率低的创新举措。

国有基础设施建设和公共设施及服务领域采取政企合作方式并推行PPP模式后，各地政府进行市政基础设施建设大都采用PPP模式，并已形成数量和规模都相当可观的公共基础设施项目存量资产。这些体量庞大的PPP项目组成了基础设施REITs发行的潜在项目池。

"PPP+REITs"这一创新模式是中国PPP项目发展的重要里程碑，对PPP项目产生了非常重要的影响，主要体现在两个方面：一方面，"PPP+REITs"的融资结构为PPP模式打通并丰富了社会投资渠道。REITs的公募属性可使大量的民间资本与政府资本一起参与PPP项目投资，尤其是对存量项目的盘活，如TOT类型等相对成熟的项目。另一方面，通过在资本市场发行REITs产品，再依托PPP项目丰富的退出机制，为已处于稳定运营阶段、较成熟的PPP项目进行资金募集，以新募集的资金申购原有项目股权，可实现政府资本和私营企业、民营资本的灵活退出，以缓解政府财政压力和私营企业资金压力。

随着PPP模式在各地方政府项目中的广泛应用，各地方政府都建成并储备了大量的公共基础设施项目，积累并形成了由大量优质项目组成的项目池。项目池以公募的形式发行类标准化的优质 PPP 基础公共设施项目 REITs 产品，相当于完成了 PPP 项目在二级市场的挂牌交易，不仅增强了 PPP 项目的资本流动性，而且丰富了 PPP 项目投资方的退出途径，打开了公众对 PPP 项目的投资渠道，对 PPP 项目的发展有着里程碑式的意义。

"PPP+REITs" 这一全新的融资模式，有效地解决了 PPP 类型项目融资难的问题，更提高了 PPP 项目的资本流动性，拓宽了 PPP 项目的民间资本交易渠道，丰富了项目方、投资方的退出机制，增强了民营企业和社会资本对 PPP 项目的投资信心，对 PPP 项目的进一步开展有着非常积极的作用。同时，PPP 项目亦可借助 REITs 将其融资从名股实债的现状向真正的权益融资方向转变，真正做到以 PPP 项目服务实体经济，防范并缓解地方债务风险。

目前，我国大量 PPP 项目已处于完成开发或即将完成开发进入相对稳定的运营回收阶段，因此，如何通过 "PPP+REITs" 融资结构有效盘活项目存量资产，形成融资的良性循环，具有重要的研究价值和现实意义。不过，目前 PPP 项目要想成功通过二级市场发行基础设施 REITs 产品，仍有一些急需攻克的技术难题。

首先，需要满足基础设施 REITs 产品发行的试点项目要求。基础设施 REITs 产品的发行，要求 PPP 项目的收益机制以使用者付费型项目为主，换言之利润来源主要由项目的市场化运营产生，或者项目已经产生稳定、持续、健康的收益表现或已经形成稳定的正向现金流，重要的是项目收入结构中不能依赖包括政府在内的第三方补贴等非经营性收入。目前，全国

PPP 综合信息平台中，大多数的 PPP 项目类型以政府付费模式和可行性缺口补助模式为主，而使用者付费类型 PPP 项目相对较少，且该类项目大都处于开发阶段或运营初期。

其次，由于项目自身原因，PPP 项目发行 REITs 产品投资回报率较低，导致难以打开二级交易市场。据公开数据显示，在国际上，过去 20 年间，美洲和欧洲的 PPP 项目 REITs 产品的市场年化总回报率都仅维持在 8.8% 左右，所以如果只是简单地以 PPP 项目协议所体现的投资回报率进行衡量，PPP 项目发行 REITs 产品要达到市场认可的收益水平还存在难度。

最后，PPP 项目发行 REITs 产品时所面临的税务问题也是导致其操作难的原因之一。REITs 产品的运作过程通常可划分为设立环节、持有环节和退出环节，各个环节均会发生相应的应税行为。税负主要集中在设立环节的土地增值税，转让层面原始权益人的增值税、所得税、契税，运营层面的企业所得税等较大税种，且可能存在多重收税的问题。从国外发展情况来看，较为成熟的 REITs 产品均具有较大力度的税收优惠以及基于税收的金融创新手段，基本上避免了设立、运营和处置等层面多重征税的问题。

此外，PPP 项目要想在二级市场发行市政基础设施的 REITs 产品还有以下几个方面需要关注。

一是要重点关注 PPP 类型项目的 REITs 税收政策。税收政策在很大程度上影响了 REITs 产品的成本，过高的成本不仅会影响私营企业资本方发行 REITs 产品的积极性，还会影响基金收益，以及民间资本购买基金的积极性。

二是要关注原始股东、权益人，保护项目发起人的利益，通常采用的方法是对私营企业实行基金份额的战略配售政策。公募 REITs 产品解决了私营企业资本方面临的最大痛点，即将债权融资转变为真正的权益性融资，实现了私营企业盘活存量、资本回收以及滚动投资的需求。需要注意的是，在落地执行层面要避免私营企业投资方战略配售的比例过高，如若回收的资金大量参与战略配售，私营企业实际回收的资本过少会影响私营企业投资者对发行 REITs 产品的积极性。故此，对私营企业投资者的 REITs 产品战略配售比例以及持有的期限需控制在合理的比例之内。

三是要关注 REITs 产品管理团队的综合运营管理能力。在基金产品管理团队接受项目后，将由该管理团队完成对基础项目设施的后续运营维护工作，专业的金融技术和项目相关行业技术要求都是对基金管理的重大考验。

PPP 类型的项目发行 REITs 产品同样离不开政策扶持。必要的税收优惠待遇是促进发行基础项目设施 REITs 的关键，而其中最重要的就是要明确资产转让政策。大部分 PPP 项目基础设施的资产所有权都归属于政府或相关部门，项目管理公司通常只持有该项目的特许经营权，而资产证券化的最基本要求就是原始权益人对即将证券化的资产必须拥有产权、所有权或特许经营权，并将其转让。如果社会资本方涉及国有资产或为国有企业，则极有可能就会涉及复杂的国有资产转让等程序。目前我国针对公共基础设施项目的所有权转让、资产转让、股权转让、特许经营权转让尚无明确的法律法规，且针对转让流程也无指导性文件。这种情况下，很难保证基础设施和公共服务类 PPP 项目资产的有序转让，也难以对项目资产做到合理估价。即使 PPP 基础设施项目已经进入运营阶段，项目资产转让环节的问题以及存量资产的政策性规定也还是会在很大程度上决定项目能否成功发行 REITs 产品。

为有效发挥市场经济的刺激作用，国家发改委等相关部门不断完善并细化支持社会资本参与政企合作项目政策，吸引多元化民间资本参与交通、市政、医疗、学校、生态环境等短板领域公共基础设施项目的开发建设。在实际操作层面，基础设施 REITs 产品能否顺利推广，商业银行的配合和参与也起着非常关键的作用。

一方面，公募基金产品大都由银行完成代销，所以公募市政基础设施投资基金在发行过程中，银行代销端的配合和宣传是影响紧急产品发行的重要因素。在利率下行周期，基金的募集和销售难度都相对较小，但是 REITs 基金产品的结构相对复杂，需要银行协助基金方对意向投资者完成大量的筛选和培育工作，才能在诸多投资者中发现既能接受基础设施基金风险又偏爱长期稳定现金流的客户并完成销售。

另一方面，商业银行大都还有另外一个身份，就是作为公募市政基础设施证券投资基金的基金托管人，其是基金持有人权益的代表，负责监管基金的资产的同时也代为监督基金管理人对该项目的日常投资行为。此外，权益型 REITs 不仅要取得市政基础设施项目的所有权或特许经营权，还要求市政基础设施项目权益必须完整，即项目的收益权、股权及其他任何权益不能设置抵押、质押等分割权益行为。而有些情况下，项目的收益权已经质押在贷款银行，这就需要原始权益人与其贷款银行做好沟通及相关的偿债、解押等工作。同时，银行投行或相关部门要积极负责地分析和研究权益型 REITs，积累在银行、债券市场中发行的公募房地产信托投资基金类或其他类似 REITs 产品的代销和托管经验，为承销市政公募基础设施基金产品积累经验并做好充分准备。

第三章　非PPP模式

第一节　"投资人+EPC"模式

"投资人+EPC（施工总承包）"模式是由工程局作为工程的总承包企业牵头建设项目，同时由中标联合单位引入资金方实现项目的投资，资金方获取投资收益。"投资人+EPC"模式的主要意义在于中标施工企业只是工程总承包，并不参与项目投资，也不承担任何担保责任。项目的资金由联合资金方投资，是企业投资，不是政府投资。相关条例规定：政府投资项目不得由施工企业垫资实施，而政府投资项目的定义是"政府采取直接投资方式、资本金注入方式投资的项目①"。并且根据招投标的相关规定：已通过招标方式选定的特许经营项目，投资人依法能够自行建设、生产或者提供的，可以不进行招标。因此，采用"投资人+EPC"模式，可以实现融资和工程招标"两标并一标"，从而避免工程中标的不确定性。②

在"投资人+EPC"模式下，由民营企业和社会投资人作为政企合作

---

① 《政府投资条例》第二十二条第一款。
② 《中华人民共和国招标投标法实施条例》第九条。

项目管理公司的实际控制人，项目资产的所有权也完全归投资人所有。同样，项目的资金筹集也属于民营企业或社会投资人的责任和义务，包含项目基本建设资本金和资本金之外与项目相关的一切融资，都需要由投资人通过项目管理公司筹集。项目竣工后，政府及相关单位按照合同约定的方式对项目产权进行一次性回购或逐年回购，以实现投资人的安全退出。

"投资人+EPC"模式优势如下：

第一，项目资金筹备责任明确，有效确保工程实施。由项目管理公司负责项目资金的筹措，并按照进度向工程局及时支付工程款，保证项目的阶段性资金供给充足，从而避免工程因资金链断裂而烂尾。

第二，不给业主方增加负债及资金压力。以独立运营的项目公司为融资主体进行融资，项目持有方不上征信且不会增加负债，建设期间计算利息但并不需要业主方付款。在项目交付使用后，由于项目合作期限较长，业主方有非常充裕的时间进行融资及股权置换，可以减轻业主方的资金压力。

第三，降低业主方负债率，无并表风险。对于业主方而言，该模式相较于传统的"征信类""贷款类"项目，首先是融资主体不同，"投资人+EPC"模式中，以投资人全资控股的项目管理公司为融资主体，业主方并不参与，业主方对项目管理工程建设资金没有任何偿还义务，而是基于"投资人+EPC"模式下的协议约定完工后的回购义务，并非项目所发生的债权还款义务，在回购条款发出之前，业主方对该项目资金不存在任何义务和责任，因此该笔费用的支出也不需要并入业主方财务报表。项目竣工后，业主方或公司将已经竣工的项目固定资产并入业主方的财务报表，总资产数提高，负债率降低，自始至终也没有一笔债务并表。

第四，有效避免政策性及合规性风险。"投资人+EPC"模式的操作逻辑是把政府项目通过政企联合中标的方式转化为民营企业投资类项目。无论是业主方还是第三方担保机构均为市场化的平台，可以借此规避掉政府隐性债务增加的风险。

由于是民营施工单位和央企资方联合投标的项目，央企资方于建设期的投资规模需满足《建设工程价款结算暂行办法》的相关规定，正因为如此，该合作模式也同样不违反《政府投资条例》（国令第712号）关于"政府投资项目不得由施工单位垫资建设"的规定。

《建设工程价款结算暂行办法》规定，如果进度款低于当期已完工程进度计量款的60%，则可能存在"垫资"的情况。

由于是投资人作为项目融资主体，业主方在项目建设期融资出表，不增加业主方平台债务。项目建设完成后，可以作为资产进入业主报表，形成有效的资产并非债务，也同样符合"15号文"相关政策要求。[①]

第五，作为业主方，风险可控。"投资人+EPC"模式是投资人负责全部工程款资金的募集、项目公司的日常管理、工程款支付管理的工作。投资人通过项目投融资来实现工程建设、开发资金全覆盖，需要确保项目在建设期内资金充裕和开发按进度推进，防止出现资金链断裂造成项目烂尾。

"投资人+EPC"模式避免了施工方恶意占有项目的情况。由于招标时

---

① 《银行保险机构进一步做好地方政府隐性债务风险防范化解工作的指导意见》（银保监发〔2021〕15号）。

可能有无良单位为了拿到项目做无底线的承诺，但因不具备相应的施工实力，导致施工过程中出现融资困难、资金拨付不到位，严重的甚至停工，致使农民工迁怒业主方并闹事的情况出现，严重影响了业主方利益，也对业主方的声誉造成极大影响。而"投资人+EPC"的模式中，投资人作为项目的融资主体，须有较强的资金实力和合理合规的高效融资资源，以确保项目在开发建设期间资金充足，避免停工和烂尾风险。

第六，有效控制工程实施进度及质量。在"投资人+EPC"模式中，全权由业主方单位及其指定的监理机构对项目进行工期和质量的监管与审核，按进度完成开发的情况下投资方才可进行相应款项的拨付。因此，在项目开发建设的过程中，业主方对项目的工期、进度和质量的监管是全程参与的。而在这个过程中，资金方的角色相当于业主方单位的"财务主管"，负责筹集并下拨工程款，在此模式中，业主方对项目的控制权也相对较强。

第七，开发手续简化。相较于管理严格、手续烦琐、审查苛刻的PPP项目，"投资人+EPC"模式的开发和操作相对简化，不仅无须进行项目前期的"两评一案"论证和入库工作，而且还能满足地方政府和施工方对施工效率及短期业绩的需求。再者，在该模式下，施工单位无须提供可行性研究报告，项目管理公司为投资人百分之百控股，对施工单位而言也属非投资类项目，央企建筑公司也规定非投资类建设项目无须上报可研报告请示，内部董事会决策即可，较传统模式而言，不仅审批链条短，而且审批效率高。

第八，"投资人+EPC"模式相对成熟，可复制性强。在"投资人

+EPC"模式中，金融机构加持央企建设单位，是"中国建设"立足于世界舞台的重要法宝，大幅提高了国内的基础设施建设水平，是政企合作项目投融资模式的补充。目前全国各省、市、自治区均在大规模推广"投资人+EPC"模式，并取得了非常好的效果。

以"投资人+EPC"模式开发政企合作项目，开发建设期的工作由建筑单位完成，并不触发任何业主方的回购责任。项目竣工后进入回购期，业主方按照协议的约定分期付款，相对较长的回购周期较大程度上减轻了业主方的资金压力，而此时项目已经竣工，所以工程进度并不会受回购周期的影响。一方面，业主方不会像其他传统方式那样，做资金的集中安排，并不影响其他潜在的项目的开发。另一方面，以投资人完全控股的项目管理公司为主体进行项目的开发，该项目管理公司属于独立法人，且大都于项目地进行工商备案，该项目公司的所有开发等经营行为均在当地完税，当地利税效果显著。

第二节　ABO模式

ABO模式即授权（Authorize）—建设（Build）—运营（Operate）模式，是指政府及相关部门将公共服务设施及项目授权给属地的国有企业，让该企业负责项目的资源整合、投资、开发建设和运营等相关服务，由政府部门负责根据考核绩效支付相应的开发、建设、运营等费用的模式。

ABO模式是北京市交通委和京投集团公司经过多年在市政轨道及交通

项目模式运作的基础上，逐步摸索、积累并经过不断完善提出的。此后江苏省住建厅、发改委及财政厅也联合发布相关文件，明确了本地政府的工程项目将大力采用 ABO 模式，将投资、建设、运营等工作由政府直接授权给实施单位，即由实施单位承担工程建设及其立项申报、招标等工作。

ABO 模式的优点如下：

第一，在政企合作的前提下，有利于"政企分开"

ABO 模式的实施可以将政府与企业双方的联系进行有效分割。首先，采用 ABO 模式，将减少政府直接参与具体开发建设等事务的情况。政府方在开发过程中主要负责规则的制定、绩效的考核和工程进度质量的监督、监管等工作，减轻政府负担的前提下也大大提高了项目管理的效率与质量。其次，私营企业由单纯的融资方、承包商变为项目负责人，负责市场资源的整合，并在政府及相关部门的监督下负责具体的工程开发及建设工作，督促企业做好当家人身份，为政府提供更好、更多、更优质的基础设施和公共服务。

第二，有利于政府平台公司的转型

根据国家的发展战略方针，国家有关部门出台了"要抓紧制定剥离融资平台公司政府融资功能的具体办法"，旨在积极推动地方政府融资平台公司向市场化转型。在 ABO 模式中，政府只需要按照相关授权协议向项目进行拨款，而并非像之前那样政府对平台公司的内部直接拨款。也正因为如此，政府补贴的金额、标准和方式较其他模式更加透明、清晰，第三方金融机构对平台公司的审核、督促平台公司的市场操作更加规范，非常符合我国战略发展的方针。

第三，ABO 模式有效地补充了政府购买服务模式和 PPP 模式的不足

国家有关规定明确指出，公路、通信、机场和铁路建设工程项目，不得列为政府购买服务项目。地方政府及其部门利用或虚构政府购买服务合同为建设工程举债或者通过政府购买服务向金融机构或融资租赁公司等非金融机构进行融资是不被允许的。[①] 另有规定每一年度全部 PPP 项目需要从预算中安排的支出不超过一般公共预算支出比例的 10%。[②] 根据国家对政府行为的种种规定，ABO 模式的出现是对 PPP 模式和政府购买服务模式的有效补充。

第三节　特许经营

特许经营即商业特许经营，是指拥有注册商标、专利、专有技术、企业标志等经营资源的企业，即特许人，以合同形式将其拥有的经营资源许可其他经营者，即被特许人使用，被特许人按照合同约定在统一的经营模式下开展经营，并向特许人支付特许经营费用的经营活动。[③]

特许经营合同在我国是一种比较新型的合同类型。特许经营在实践中往往被称为加盟经营或者特许连锁。对于特许经营的类型和具体范围，各

---

① 《关于坚决制止地方以政府购买服务名义违法违规融资的通知》（财预〔2017〕87 号）。

② 《政府和社会资本合作项目财政承受能力论证指引》（财金〔2015〕21 号），第二十五条。

③ 曹建明.最高人民法院民事案件案由规定理解与适用.北京：人民法院出版社，2010.

国认识并不完全一致。特许经营作为一种合同行为，在我国合同法上并没有作出明确界定，但作为一种市场经营行为，已经普遍存在且有蓬勃发展之势。在我国，原国内贸易部曾于 1997 年 11 月 14 日颁布《商业特许经营管理办法（试行）》，2004 年 12 月 30 日商务部令第 25 号发布了《商业特许经营管理办法》。2007 年 2 月 6 日国务院令第 485 号发布了《商业特许经营管理条例》（自 2007 年 5 月 1 日起施行），该条例是我国目前专门规制特许经营的最高层级的规范性文件。

虽然特许经营也被称为特许连锁，但并非连锁经营都构成特许经营。直营连锁因连锁店属于总部自有、非独立经营而不属于特许经营范畴。特许经营与特约经销、特约代理、独家经销（如特约店、代理店、专卖店）也有所不同。特许经营是总部将商标、商号、专利、经营诀窍等的使用许可和经营指导等作为组合提供给加盟店，以此获得加盟店支付的使用费。与此相反，特约店、代理店、专卖店是基于定型合同（格式合同），就附有某一制造商商标的特定商品进行持续性的买入，再卖出，或者受其委托经销该产品。在特许经营中，必须要确保特许经营体系的统一性和产品、服务质量的一致性，即总部对加盟店的经营给予全面的指导、援助；在特约店、代理店、专卖店中，也有制造商对其进行指导、援助，但这只是制造商附随商品批发销售的二次行为，该行为自身通常不能请求支付使用费。①

---

① 最高人民法院.最高人民法院印发修改后的《民事案件案由规定》，2020 年 12 月 30 日。

特许经营本身是一项民商事行为（合同行为），本质上属于民商事法律的调整范围。特许经营的核心内容是涉及商标、商号、专利和专有技术等的许可使用问题。因此，对于因特许经营引发的纠纷，除了适用《合同法》以外（尽管特许经营合同不属于《合同法》列名合同），一般情况下都会涉及《商标法》《专利法》《反不正当竞争法》等知识产权法律的适用问题，而其他相关法律多是偶尔或者附带涉及。特许经营本身是一项民商事行为（合同行为），本质上属于民商事法律的调整范围。特许经营的核心内容是涉及商标、商号、专利和专有技术等的许可使用问题。因此，对于因特许经营引发的纠纷，除了适用《合同法》以外（尽管特许经营合同不属于《合同法》列名合同），一般情况下都会涉及《商标法》、《专利法》、《反不正当竞争法》等知识产权法律的适用问题，而其他相关法律多是偶尔或者附带涉及。可以说，因特许经营产生的纠纷一般情况下都是直接与知识产权有关的合同纠纷或者侵权纠纷。因此，《民事案件案由规定》将之列入知识产权合同纠纷。

政府特许经营协议是行政诉讼法明确规定的行政协议类型。20世纪80年代，随着人口增长、经济产业结构调整节奏的加快，国家对电力、交通、供水、环保等市政基础设施的需求急剧膨胀，政府为了应对财政资金紧缺及对公共基础设施投资能力减弱的困境，采取了向社会投放特许经营的方式。特许经营合同中比较典型的是BOT。BOT是基础设施建设的一类方式，其有时被称为"公共工程特许权"，通常是指承建者或发起人（非国有部门，可以是本国的、外国的或者联合的企业财团）通过合同从委托人（通常为行政机关）手中获得某些基础设施的建设特许权，成为项目特许专营者，由私人专营者或某国际财团自己融资、建设某项基础设施，并在一段时期内经营该设施；特许期满时，将该设施无偿转让给政府部门或其他公共机构，目前已经在公路、桥梁、隧道、水厂、电厂等工程领域得到广泛运用。

这类合同在行政案件中数量较少，但其行政协议的性质是确定无疑的。政府特许经营是指在特定的公用事业等领域，由政府根据有关法律规定，通过市场竞争机制选择公用资源投资者或者经营者，并授权其在一定期限和范围内经营某种公用事业产品或者提供某项服务的制度。特许经营的主要功能是分配有限资源，主要特征是：相对人取得特许权一般需要支付费用；一般有数量限制；行政机关实施这类许可一般有自由裁量权；申请人获得这类许可要承担相当大的公益义务①。特许一般在关系公共利益、涉及公共资源配置和有限自然资源开发利用等领域，特别是在公共工程基础设施建设、海域使用权出让、客运出租车经营、排污等领域有着广泛运用。例如，《城镇排水与污水处理条例》第十六条规定："城镇排水与污水处理设施竣工验收合格后，由城镇排水主管部门通过招标投标、委托等方式确定符合条件的设施维护运营单位负责管理。特许经营合同、委托运营合同涉及污染物削减和污水处理运营服务费的，城镇排水主管部门应当征求环境保护主管部门、价格主管部门的意见。国家鼓励实施城镇污水处理特许经营制度，具体办法由国务院住房城乡建设主管部门会同国务院有

---

① 《市政公用事业特许经营管理办法》第二条。

关部门制定。"再比如，《基础设施和公用事业特许经营管理办法》第二条规定："中华人民共和国境内的能源、交通运输、水利、环境保护、市政工程等基础设施和公用事业领域的特许经营活动，适用本办法。"第三条规定："本办法所称基础设施和公用事业特许经营，是指政府采用竞争方式依法授权中华人民共和国境内外的法人或者其他组织，通过协议明确权利义务和风险分担，约定其在一定期限和范围内投资建设运营基础设施和公用事业并获得收益，提供公共产品或者公共服务。"此外，有的特许经营权管理办法称政府特许经营权是指经特定程序而获得的对有限自然资源开发利用、公共资源配置以及直接关系公共利益的特定行业的市场准入权。政府特许经营协议是指，行政机关在有限自然资源开发利用、公共资源配置以及直接关系公共利益的特定行业的市场准入等领域，与公民协商一致，授予其参与公共工程或者基础设施建设的特许权的协议。一般来说，行政机关通过颁发授权书或者签订协议的形式，授予公民或者企业特许权，由私人开采国家所有的资源或者建设政府监管的公共基础设施项目。私人在获得政府许可的经营权后，承担有关设施的修建、更新改造及经营责任，全部费用均由私人承担，从开发、利用资源中回收成本并赢得利润。在特许合同期满后，私人应当将所有设施交还政府有关部门。在法国，这类行政协议是最典型且数量最大的行政协议，一般包括公共工程特许合同、公共工程捐助合同和公共工程承包合同、公务特许合同等。我国的政府特许经营协议广泛运用在城市基础设施建设、城市供水、供气、供热、污水处理、垃圾处理、城市公共交通等领域。我国有的法律规范规定了公民对政府特许经营协议的诉权，例如，《基础设施和公用事业特许经营管理办法》第五十一条规定："特许经营者认为行政机关作出的具体行政行为侵犯其合法权益的，有陈述、申辩的权利，并可以依法提起行政复议或者行政诉讼。"当然，根据修改前的《行政诉讼法》，对于政府特许经营协议中的行政行为、行政决定，也是可以起诉的。《行政诉讼法》修改之后，根据《行政诉讼法》第十二条第一款第十一项的规定，对于行政机关"不依法履行""未按照约定履行"等瑕疵履行、违约行为也是可以提起行政诉讼的。

政府特许经营是指在社会公用产品或公共服务领域，政府根据有关法律法规的规定，通过市场竞争机制，选择公用事业投资者或者经营者与之签订协议，并授权其在一定期限和范围内进行经营管理的制度。特许经营原本是一种商业经营模式，为最大限度地有效开发、使用社会公用产品或服务，政府将这种经营模式引入公用产品提供和公共事业服务领域。《市政公用事业特许经营管理办法》（2004 年建设部令第 126 号）规定："城市供水、供气、供热、公共交通、污水处理、垃圾处理等行业，依法实施特许经营的，适用该办法。"经国务院同意，2015 年 4 月 25 日国家发改委、财政部、住建部、交通运输部、水利部、中国人民银行联合发布第 25 号令《基础设施和公用事业特许经营管理办法》。该《办法》规定："实施机构和特许经营者就特许经营协议履行发生争议的，应当协商解决。协商达成一致的，应当签订补充协议并遵照执行。""特许经营者认为行政机关作出的具体行政行为侵犯其合法权益的，有陈述、申辩的权利，并可以依法提起行政复议或者行政诉讼。"①

政府特许经营协议是一个内容和范围均十分广泛的概念。《基础设施和公用事业特许经营管理办法》发布后，北京、上海等地方政府也陆续制定了各地城市基础设施和公用事业政府特许经营方面的地方规章。受上述规章调整的政府特许经营协议，均属于《行政诉讼法》规定的行政诉讼受案范围的"行政协议"范畴。行政诉讼中一定要充分正确理解和适用"行政协议"概念，将属于行政诉讼受案范围的政府特许经营协议纠纷纳入行政审判。通常情况下，下列协议属于政府特许经营协议：

一、城市供水设施建设和运营协议；

二、城市供气设施建设和运营协议；

三、城市污水处理设施建设和运营协议；

四、城市垃圾处理设施建设和运营协议；

五、城市道路设施建设和运营协议；

六、城市轨道交通设施建设和运营协议；

七、出租车运营协议；

八、其他公共设施或服务项目建设和运营协议。

在城市发展过程中，地方财政往往难以满足快速增加的公共设施和服

---

① 江必新. 中华人民共和国行政诉讼法及司法解释条文理解与适用. 北京：人民法院出版社，2015.

务的需要，一些地方政府引进社会资本，参与城市公共设施和服务项目的建设和运营，通过行政协议方式明确投资者和政府各方的权利和义务。这类协议，根本目的在于增加公共设施和服务能力，同时保障投资者的合法权益。同时，由于该类协议包含大量行政法上的权利、义务内容，属于行政协议的范围，因此应当通过行政诉讼解决相关协议纠纷。[①]

第四节　"特许经营+联合开发"

目前市面上常规的非 PPP 模式的政企合作方式有三种，分别是"投资人 +EPC"模式、ABO 模式和"特许经营 + 联合开发"模式。

在"特许经营 + 联合开发"模式的项目中，投资有助于完善项目所在区域的基础设施，提高百姓的生活品质，从而使得项目所在区域的土地增值，随之地方财政总收入增加，而财政的总收入增加就是该模式的主要还款来源。在该模式下，政府会在土地出让后一年内安排该项目的预算，以财政的增收为上限，通过以收定支的方式安排后期给到特许经营权人的可行性绩效奖补资金。特许经营权人拿到可行性绩效奖补资金后，再根据联合开发协议支付给项目公司。

"特许经营 + 联合开发"的运作流程如下：

---

① 江必新 . 中华人民共和国行政诉讼法及司法解释条文理解与适用 . 北京：人民法院出版社，2015.

一、政府发起特许经营开发项目。

二、以竞争性方式授予地方平台公司特许经营权。

三、特许经营权人与政府实施机构签订特许经营协议，协议应允许特许权人寻找合适的第三方联合开发本项目。

四、特许经营权人公开招标选择最优投资主体。同时，根据《招投标法实施条例》第九条规定，"已通过招标方式选定的特许经营项目投资人依法能够自行建设、生产或者提供"，可以不进行招标，俗称"两标并一标"。

五、特许经营权人与社会资本共同出资组建项目管理公司。

六、项目管理公司负责本项目的融资、建设和运营等工作。

七、政府获得增量收入。

八、政府根据特许经营协议向特许经营权人支付可行性绩效奖补。

九、特许经营权人向项目公司支付开发回报。

"特许经营＋联合开发"模式对于项目品质的要求相对于ABO模式更低，项目的区域离市区较远，或者有一定工业用地均可作为项目标的。项目开发内容受限于六部委颁布的《基础设施和公用事业特许经营管理办法》中所规定的基础设施、公用配套项目。该模式需要有毛地匹配，且土地价值需要通过公建配套的完善来进一步拉升。

"投资人＋EPC"模式是基于"F+EPC（即融资＋设计－采购－施工总承包）"模式演变而来的，ABO模式是从PPP模式演变而来的，而"特许经营＋联合开发"模式的前身是特许经营模式。

"投资人 +EPC"模式，在中国苏北地区被普遍采用。政府通过授权地方国有平台相应的土地资源，将区域直接交于地方开发平台公司去开发。区域开发失败的主要风险承担主体是地方的开发平台公司。

ABO 模式下的主要风险承担主体是投资人，融资工作则完全由社会资本自行搞定。由于社会资本较为看重的是项目当下的土地价值，不需过多的资金投入即可获得不错的效果，土地本身的显性价值本来就存在其中。

"特许经营 + 联合开发"模式是将风险分散，因为此模式下项目的属性大都是公共服务项目。所以如果将风险全部放到民营资本的话，是无法保证该项目顺利进行的，该模式的设计其实是几方参与者共同承担各自该有的风险。

首先，"特许经营 + 联合开发"模式项目的品质并没有 ABO 模式那么高，即土地资源的价值需要先投资，待配套项目成熟后其价值才能显现，若是把风险全部交由民营资本来承担，很可能导致融资不顺畅，项目无法推进。

其次，该模式下项目的属性是特许经营，具有公共服务特征，项目开发失败的后果较为严重，此时弱风险压在其中一个参与者主体上，极有可能会导致开发的失败，这种结果并不是某一个主体可以承担的。为最大限度地保证项目开发的成功率，在项目设计时，通过交易结构等的设定应尽可能将不同风险分散到不同的主体之上。

三种不同的模式，有下列比较显著的特征：

（1）"投资人 +EPC"模式的采用，要有较强实力的平台公司参加，才能保证项目的有效推进和成功率。

（2）ABO模式的选择，要求项目本身品质较高，且需要项目有成熟的地块作为前置条件，即本项目区域内或者有成熟的商圈或者有相对稳定的人口导入来源作为支撑。

（3）采用"特许经营＋联合开发"模式进行开发，既不需要像"投资人＋EPC"那样对平台公司的资质要求那么高，也不需要像ABO模式那样对项目品质要求那么高，只需要满足项目在特许经营管理办法之内即可。

"投资人＋EPC"模式、ABO模式、"特许经营＋联合开发"模式三者最根本的区别并不是项目的还款来源不同，或者上位法支持不同，又或者项目是否涉及运营，而是项目的风险承担主体不同。"投资人＋EPC"模式的风险承担主体是地方政府的平台公司，为项目提供最终的担保；ABO模式的风险承担主体是民营资本，融资时需要民营资本提供担保；"特许经营＋联合开发"模式的风险承担主体则相对分散，平台公司、社会资本和政府的实施机构三者都要承担相应风险。

第二篇
影响投资模式合规性的重要政策

第四章　地方政府债务管理

第一节　地方政府债务监管政策的变化

2022 年，全国人大常委会在其汇总编制的《对今年以来预算执行情况报告的意见和建议》一文中着重提出，近一两年内，许多地方政府债务将陆续到期，按时偿还也许存在一些实际难度，建议地方政府及有关部门提早规划，并形成相应的处理预案。由于部分地方政府无论是在法定债务还是隐性债务方面，均面临不同程度的偿还压力，相关问题已经得到有关部门的重视，关于地方政府债务风险缓释的相关预案也已陆续出台。

2022 年 10 月，财政部出台了《关于支持深圳探索创新财政政策体系与管理体制的实施意见》，要求深圳政府探索、建立政府偿债备付金制度，防范地方政府专项债券的兑付风险。由于 2020 年疫情以来，各地方债务增速都相对较快，部分省份的法定债务率已超 100%，为此，2021 年，上级部门首次提及地方政府法定债务风险防范问题。而此次《实施意见》的出台，为上级部门首次专门提及要防范专项债券兑付风险，相较之前法定债务的描述更为具体。因地方政府专项债设计所投资的项目通常回报周期相对较长，而地方政府中短期的投资则面临相对较大债务偿还压力，因此深圳将作为首个试点，尝试落实政府偿债备付金制度的建设，如此，防范专项债券兑付风险的政策指引就不难理解了。

相关部门对山东省政府出台的关于贯彻落实《国务院关于支持山东深化新旧动能转换推动绿色低碳高质量发展的意见》的实施意见，要求加强其地方政府债务管理，指导山东逐步降低高风险地区债务风险水平。近年来，上级部门很少单独给某一地方政府下发政策性支持文件，因此该文件的颁发首先说明了山东省的发展得到了上级部门的高度重视；其次，后续省内部分高风险区域债务问题会受到当地政府更多关注，并获得相应的降低债务风险方面的支持。

此外，文章《健全现代预算制度》中也提到，各地方政府要坚决遏制隐性债务增量，逐步实现各地方政府债务按统一规则合并监管，[1]加强对各级地方政府融资平台公司的监督治理，彻底打破政府兜底预期。其中"逐步实现各地方政府债务按统一规则合并监管"为最新的指示传达；文章关于禁止隐债新增的红线政策并没有变，后续对于各级地方政府城投的融资政策仍然会延续此前银保监会的"15 号文"等相关规定；关于各级地方政府债务的监管方面，则强调规则的统一性和完善性。

上级部门不断加强对地方政府融资平台公司的监督管理工作，一系列强监管措施及政策相继出台。例如，《预算法》修正案和《国务院关于加

---

① 刘昆 . 健全现代预算制度 . 党的二十大报告辅导读本 . 北京：人民出版社，2022.

强地方政府性债务管理的意见》（国发〔2014〕43号）便是针对地方政府的举债融资行为及城投监管工作的纲领性文件，是对监管方向和原则的明确指导：坚决杜绝区域性和系统性风险是底线，融资平台不得新增政府债务是硬性指标。各级地方政府对其举借的债务负有不可推卸的偿还责任，上级政府则实行不救助原则，大力督促、指导各级地方政府稳妥化解存量隐性债务，加快地方政府融资平台公司转型等工作。陆续出台的《政府采购货物和服务招标投标管理办法》（财政部令第87号）、银保监会"15号文"等政策内容多基于上述两个文件的核心内容做了更加详细的解释。

2023年7月，在《财政部关于地方政府隐性债务问责典型案例的通报》中提出，要牢固树立底线意识和"红线"意识，坚决杜绝新增隐性债务，同时要求持续加强融资平台公司管理，严禁与地方政府信用挂钩，严禁新设立融资平台公司，加快剥离融资平台公司政府融资职能。

党的二十大报告中再次强调"守住不发生系统性风险底线"，全国人大常委及主管部门负责人均强调"坚决遏制隐性债务增量，妥善化解存量①"。很多地方政府发文并提出同样的要求，一致表明严控隐债新增仍是不可跨越的红线，需要各地方坚持底线和红线思维，同时要求其稳妥化解存量债务；城投监管层面，财政部要求加强各级地方政府融资平台公司相关治理工作，强调彻底打破政府兜底预期。

上级部门对地方债务风险的重视程度有所加大，财政部也首次提出了"合并监管"的概念，更加强调地方政府债务监管的规范性和统一性。各

---

① 刘昆. 健全现代预算制度. 党的二十大报告辅导读本. 北京：人民出版社，2022.

级地方政府的债务，其中包括法定债务和隐性债务，将从过去的分类监管，改变为合并监管，此改变将有助于更好地做好防范并化解地方政府的债务风险。

不仅上级领导部门对地方债务的各项监管做了明确指示，各地方也就债务等问题的风险防范及监管进行了深刻的自查和积极的表态。党的二十大以后，有将近一半的省份对债务监管进行了明确的表态，尤其以债务压力相对较大的甘肃省政府的态度充分说明了当下地方政府积极偿债的意愿。甘肃省地方政府及兰州市市政府召开了国际投资者交流会，就兰州建投未来债务问题的化解方案进行了多方研讨；随后甘肃省省政府发布文件，提出确保所有债券均按期足额兑付的方案，尤其强调了确保兰州建投公开市场债券刚性兑付的问题。

整体来说，上级监管部门对于债务及城投的监管政策仍然以维稳为主，并且坚持化存量、控新增方向不变，从中央到地方，自上而下对债务风险的防范及监管的共识进一步加强，态度也更为明确：坚持杜绝系统性风险是底线，严控隐债新增是红线，坚决严控隐性债务增量，妥善化解存量隐性债务，同时逐步推进债务管控机制及措施的完善；加强地方政府融资平台公司治理，督促相关平台公司转型政策的落实，彻底打破政府兜底预期。

第二节 隐性债务与违法举债的关系

隐性债务，是指以政府债券以外的形式进行举借的债务，例如通过平台公司发行企业债券举借的债务，通过 BT 或垫资施工举借的债务等。违法举债，则是政府违反预算法举借的债务。预算法规定，政府只能以发行政府债券的方式举借债务。

由此可见，违法举债和隐性债务都是政府债券以外的不合法举债形式，而不同之处在于：

第一，在 2015 年 1 月 1 日之前，政府举借政府债券以外的债务，不属于违法举债，但属于隐性债务，且属于存量隐性债务。

第二，在 2015 年 1 月 1 日之后，并且在 2017 年 7 月 14 日之前，政府举借政府债券以外的债务，属于违法举债，也属于隐性债务，并且也属于存量隐性债务。

第三，在 2017 年 7 月 14 日之后，政府举借政府债券以外的债务，都属于违法举债行为，属于隐性债务中的增量隐性债务。

第四，存量隐性债务，应以偿还为主；而增量隐性债务，则以严惩为主。其中偿还是指政府必须及时归还、清偿债务，无法清偿的应通过债务置换等方式进行债务风险的转移；严惩是指要对债务的相关负责人进行问责并处罚。

各地方政府对于"隐性债务"定义的理解各不相同，认定范围也不同，特别是在相关文件发布之后的很长一段时间里，关于隐性债务的甄别工作遇到了很大的困难，其中争议较大的是对于"棚改贷"的项目属性的判定。就实践情况来看，较多地方政府认定"棚改贷"为隐性债务；又或者说，该项目的存在，意味着存在一种属于"产生隐性债务"但未判定为"违法举债"的情形。但在2019年之后，"新增隐性债务的行为"与"违法举债"二者之间范围的界定并没有差异，已经被统一称为"违法举债"。

除此之外，常见的违法举债操作包含以下一些行为：

一、政府部门直接向企业借款

政府部门直接向企业（以平台公司的情况居多）借款并承诺偿还，是最直接的违法举债。这种情况在现实中较常见；而且，在主管部门发布的违法举债相关案例中，这种情况也是为数最多的一种情形。

二、最著名的违规模式——BT

在公开被列为违规的模式当中，BT模式即"建设—移交"模式是最著名的违规项目之一。对于BT的禁令见于《关于制止地方政府违法违规融资行为的通知》（财预〔2012〕463号），"地方各级政府及所属机关事业单位、社会团体等不得以委托单位建设并承担逐年回购（BT）责任等方式举借政府性债务"。该文虽然已经失效，但是对于BT的禁令并没有失效，一直在严格执行。不过，对于BT具体组成要素中的"逐年""回购"等的定义，业界一直存在不小的争议，这样的争议直到《政府投资条例》颁布实施之后仍存在。

三、土地储备贷款

土地储备贷款指的是金融机构向政府土地储备机构发放的土地储备业务贷款。土地储备贷款，曾是最规范的政府融资项目方式，要求得很具体、很全面，包括政策支持、财政稳健、自有达标、收益稳定等。土地储备贷款的缺点，往往是因为存在抵质押物方面的不足。在项目还款来源出现问题的情况下，无论是以储备土地证抵押还是以土地未来收入质押，在出现风险后的执行层面都存在一些阻碍。所以政府发文明确指出各地（土地储备机构）不得再向银行业金融机构举借土地储备贷款；后续又发布了"五不准"规定："PPP 项目主体或其他社会资本，除通过规范的土地市场取得合法土地权益外，不得违规取得未供应的土地使用权或变相取得土地收益，不得作为项目主体参与土地收储和前期开发等工作，不得借未供应的土地进行融资；PPP 项目的资金来源与未来收益及清偿责任，不得与土地出让收入挂钩"，[①] 从而完全叫停了土储及非土储单位的土地储备贷款。

四、"一二级联动"属于违规行为

"一二级联动"的收益分成模式，很早就被认为是违规的土地出让行为。国家对此也有明确规定："项目承接主体或供应商应当严格履行合同义务，按合同约定数额获取报酬，不得与土地使用权出让收入挂钩，也不得以项目所涉及的土地名义融资或者变相融资。"[②] 同时，将土地出让收入的分成款项优先用于偿还先期一级开发投入的，也并入违法举债的行为。

---

① 财政部.关于联合公布第三批政府和社会资本合作示范项目 加快推动示范项目建设的通知（财金〔2016〕91 号），2016 年 10 月 13 日。

② 财政部，国土资源部，中国人民银行，银监会.关于规范土地储备和资金管理等相关问题的通知（财综〔2016〕4 号），2016 年 2 月 2 日。

采取非正常条件限制、捆绑等行为，操控"招、拍、挂"过程实现低价获取土地的方式，同样属于严重的违规行为。

五、拨改租及其类似方式

采取抵押或融资租赁等方式，如"拨改租"，将不能或不宜变现的公益性政府资产（如市政道路、城市公园、事业或机关单位办公楼等）通过抵押或纳入租赁物而进行融资的行为，属于违规融资行为。[①]

而对于变通的"有绩效考核的拨改租"模式也同样属于违法举债。此外，对无收益的公益性资产进行注资、交易、租赁、抵押以取得融资的行为，也都属于违规行为。

六、"建养一体化"的违规行为

国务院发文明确指出："强化养护资金使用监督管理。地方各级财政和交通运输主管部门要加强农村公路养护资金使用监管，严禁农村公路建设采用施工方带资的建设—移交（BT）模式，严禁地方以'建养一体化'名义新增隐性债务。"[②] 对于无收益或者收益不能覆盖投资的公益性项目，采用"建养一体化"方式，必然涉及占用财政资金用于延期支付，固化或相对固化政府的支出责任，收益不足的差额部分只能由事实上的地方政府财政兜底，所以"建养一体化"的行为同样属于违法举债行为。

七、"增收支付"的违规行为

---

① 财政部，发展改革委，人民银行，银监会.关于制止地方政府违法违规融资行为的通知（财预〔2012〕463号），2021年12月24日。

② 国务院办公厅.关于深化农村公路管理养护体制改革的意见.（国办发〔2019〕45号），2019年9月5日。

在一些开发模式中，协议中有类似于"合作区域财政增收额度（的一定比例）作为支付资金来源"的约定，即常说的"有增收支付，无增收不支付"。此举是妄图通过"支付责任的不确定性"避开"触及违法举债所需的确定性"这一硬性规定。但这种支出责任实质上被视为一种"有条件负债"或者"或有负债"的行为，属于"或有的违法举债"。

八、不合规的"资金池"模式

"资金池"在财政领域通常被称为专项资金使用制度，是政府部门将财政收入的一部分资金用于专门项目的一种资金管理制度，它的出现源于财政分成机制。专项资金制度一直被很多地方政府所采用，其本身合规性很好，但专项资金制度从根本上讲仍然属于财政领域的资金使用范畴，将其用于违法举债还款来源，仍然是违规行为。[1]

九、定向的土地资源补偿

定向的土地资源补偿模式的违规之处，主要是地方政府针对建设工程项目投资款，采取定向的土地资源进行补偿，或者捆绑其他违规条件，从而导致违反土地招拍挂等土地出让相关管理规定。而且，定向的土地资源补偿模式，除轨道、交通项目外，大多数都属于违规行为。[2]

---

[1] 广东省人民政府.广东省省级财政专项资金管理办法（修订），2023年4月24日。
[2] 河南省自然资源厅.河南省自然资源厅关于进一步规范土地出让管理工作的通知（豫自然资发〔2019〕79号），2019年12月18日。

第三节 政企合作项目中隐性债务的认定标准

地方政府性债务包括地方政府债务、地方政府隐性债务和地方政府或有责任义务的债务。但是，下列情形不属于地方政府性债务：首先，按照国家政策规范运作的政府和社会资本合作项目不形成政府债务；其次，PPP 项目运作中，政府承诺将政府付费类资金和可能性缺口补助资金纳入预算支出的，不作为政府担保行为。

违规运作的政府和民营资本的合作项目，存在以下情形之一的，即应纳入政府隐性债务的范畴：

一是通过建设—移交（BT）模式进行的所谓"政企合作模式项目"债务，形成地方政府承诺以财政资金偿还的债务。

二是通过承诺回购社会资本方的投资本金、承担社会资本方的投资本金损失、向社会资本方承诺最低收益、对有限合伙制基金等任何股权投资方式额外附加条款举债等进行变相融资，形成地方政府承诺以财政资金偿还的债务。具体相关规定以《关于进一步规范地方政府举债融资行为的通知》（财预〔2017〕50号）、《关于规范政府和社会资本合作（PPP）综合信息平台项目库管理的通知》（财办金〔2017〕92号）等有关文件界定的政府隐性债务为准。

三是地方政府部门机构或全额拨款事业单位为项目债务提供任何担保

的，形成政府提供担保的债务，具体以《关于规范政府和社会资本合作（PPP）综合信息平台项目库管理的通知》（财办金〔2017〕92号）文件中的相关规定为准。

一、纳入政府隐性债务的PPP项目的认定标准

具有以下特征之一的，应纳入地方政府性债务范围，作为政府隐性债务进行管理：

一是未按照《国务院办公厅转发财政部、发展改革委、人民银行关于在公共服务领域推广政府和社会资本合作模式指导意见的通知》（国办发〔2015〕42号）的规定，对相关项目设定绩效目标，政府付费和可行性缺口补助与绩效评价无关，而是由政府直接承诺保底收益、固定回报等。

二是在政府付费模式和可行性缺口补助模式下，未按照《政府和社会资本合作项目财政承受能力论证指引》（财金〔2015〕21号）的规定根据项目建设成本、运营成本及利润水平测算财政支付或补助金额，而是由政府直接承诺保底收益、固定回报等。

三是在使用者付费模式下，由政府承诺固定回报或保底收益等类似担保的行为。

二、认定为政府隐性债务的PPP项目的债务形成年度、债务金额等的确认

一是PPP项目债务形成时间的确认。应将该PPP项目进入执行阶段的时间作为政府隐性债务的形成时间，PPP项目是否进入执行阶段是判定标准，对尚处于识别阶段、准备阶段、采购阶段的PPP项目不纳入政府隐性债务。

二是 PPP 项目债务存在期限的确定。PPP 项目债务存在的期限为 PPP 项目开始时间至最后一笔回购款结清之间。

三是 PPP 项目债务额的确认。涉及承诺回购的项目债务确认以合同约定的回购款的总额或政府承担资本方损失的总额为该项目的债务额；承诺最低收益的，以政府对该项目承诺的财政用于付费支出的总额为债务额，如果政府承诺的最低收益按比例计算的，需根据合同总额及约定的比例测算确定；对有限合伙制基金或任何股权制投资方式，合同额外附加政府举债条款的，以项目实际对政府形成的债务总额确定；债权人类别及融资方式，根据具体条款内容分析确认。

PPP 项目债务形成的同时即视同债务资金已经全部支出，做"年末债务余额中已支出的债务资金额"处理。

四是 PPP 项目"实际发生余额"的确认。如填报截至 2018 年 6 月底的 PPP 项目实际产生债务金额，应按照 PPP 项目投资额和工程进度扣除报告期内已支付资金后的余额确定。

第五章 土地管理

第一节 土地储备（土地一级开发）

2020 年 4 月初，中共中央 国务院印发《关于构建更加完善的要素市场化配置体制机制的意见》，明确了土地一直都是最重要的市场化要素之一，如城镇建设需要土地，耕种需要土地，甚至包含房地产在内的基础设施建设、轨道交通开发等都同样需要土地。所以，土地的储备和开发是很多建设开发项目的上游。那么何为土地储备呢？

土地储备也可以叫土地一级开发，土地储备是官方政策性文件中所用的术语，各地方政府也有叫一级土地整理、土地一级开发整理、土地整理储备等的。政策性文件对土地储备的解释如下：

《土地储备管理办法》（国土资发〔2007〕277 号，已被国土资规〔2017〕17 号替代）："土地储备是指市、县人民政府国土资源管理部门为实现调控土地市场、促进土地资源合理利用目标，依法取得土地，进行前期开发、储存以备供应土地的行为。"

《关于规范土地储备和资金管理等相关问题的通知》（财综〔2016〕4号）："土地储备机构承担的依法取得土地、进行前期开发、储存以备供应土地等工作主要是为政府部门行使职能提供支持保障，不能或不宜由市场配置资源。"

《土地储备管理办法》（国土资规〔2017〕17号）："土地储备是指县级（含）以上国土资源主管部门为调控土地市场、促进土地资源合理利用，依法取得土地，组织前期开发、储存以备供应的行为。"

《地方政府土地储备专项债券管理办法（试行）》（财预〔2017〕62号）："土地储备是指地方政府为调控土地市场、促进土地资源合理利用，依法取得土地，进行前期开发、储存以备供应土地的行为。"

《关于印发〈土地储备项目预算管理办法（试行）〉的通知》（财预〔2019〕89号）："土地储备是指县级（含）以上自然资源主管部门为调控土地市场、促进土地资源合理利用，依法取得土地，组织前期开发、储存以备供应的行为。"

《上海市土地储备办法》（2004年上海市人民政府令第25号）："土地储备是指市、区（县）政府委托土地储备机构，依据土地利用总体规划、城市规划和土地储备计划，对依法征收、收回、收购或者围垦的土地，先通过实施征地补偿安置、房屋拆迁补偿安置或者必要的基础性建设等予以存储，再按照土地供应计划交付供地的行为。"

《北京市土地储备和一级开发暂行办法》（京国土市〔2005〕540号）："土地储备和一级开发是指政府依法通过收购、收回、征收等方式储备国有建设用地，并组织实施拆迁和市政基础设施建设，达到土地供应条件的行为。"

《天津市土地整理储备管理办法》（津政令第8号）："土地整理储备，是指市人民政府确定的土地整理储备机构，根据经济社会发展和城市建设的需要，按照本办法的规定，对纳入储备范围的集体土地依法实施征收，对国有土地实施收购、收回、置换后，进行土地前期开发整理，并予以储存，以备供应土地的行为。"

《昆明市人民政府关于印发昆明市土地一级开发整理管理办法的通知》（昆政发〔2010〕74号）："土地一级开发整理是指对经批准区域范围内纳入储备的土地，由确定的土地一级开发整理单位依法筹措资金，配合辖区政府实施规划编制报批、土地征转、收回收购、拆迁安置等工作，按照批准的规划要求组织实施道路、供水、供电、供气、排水、通讯、照明、绿化、土地平整等为完善和提升土地使用功能的配套设施建设和城市基础设施建设，使该区域范围内土地具备规定的供应条件。"

《关于印发贵阳市土地一级开发整理实施意见的通知》（筑府发〔2011〕55号）："土地一级开发整理是指对经批准区域范围内纳入储备的土地，由确定的土地一级开发整理单位依法筹措资金，配合辖区政府实施规划、编制报批、土地征转、收回收购、房屋征收安置补偿等工作，按照批准的规划要求组织实施道路、供水、供电、供气、排水、通讯、照明、绿化、土地平整等为完善和提升土地使用功能的配套设施建设和城市基础设施建设，使该区域范围内土地达到规定的供应条件。"

《成都市国土资源局关于进一步规范全市引进社会资金进行一级土地整理的通知》（成国土资发〔2014〕113号）："一级土地整理是依据土地

利用总体规划和城市总体规划，按照城市、区域功能定位和经济社会发展要求，以政府为主体，对新征收土地、旧城区改建土地进行统一的成片征收、拆迁、补偿、安置和土地平整，并完成地上及地下市政基础设施、城市公共配套设施建设，按期达到土地出让标准的土地初级开发行为。"

土地储备、土地一级开发与土地整理虽然叫法不一样，但实质内容基本趋同，土地一级开发更侧重从市场和开发主体的角度而言，市场行为的因素多一些；土地储备及土地整理则主要是从国土资源和政府角度去定义，更倾向于政府行为。但不论是市场行为还是政府行为，土地储备（土地一级开发与土地整理）大都包括以下三个方面：

第一，依法取得土地，具体包括报批、征收、拆迁、安置和补偿；

第二，组织前期开发，包括三通一平、五通一平、七通一平、九通一平及市政基础设施建设；

第三，储存以备供地，变成熟地储存，以备政府供地。

从上述政策性文件可以看出，土地在地方政府，土地的相关开发实施也是地方在实际操作，中央层面主要是进行方向上的把控和引导。再者，中央层面的文件偏向宏观，而地方文件则比较具体。各地方政府尤其是省会城市，发达地区市县的操作细则都有其各自特点。土地储备（土地一级开发）在实操中非常复杂，一方面由于不同时期土地储备有所不同，另一方面不同地区的土地储备也存在显著差异。

《国务院关于鼓励和引导民间投资健康发展的若干意见》（国发〔2010〕13号）第二条（十）提出："鼓励民间资本参与土地整治和矿产资源勘探开发。积极引导民间资本通过招标投标形式参与土地整理、复垦等工程建设，鼓励和引导民间资本投资矿山地质环境恢复治理，坚持矿业权市场全面向民间资本开放。"这也是目前鼓励民营资金参与土地整理的正式文件。

第二节　土地储备开发模式

土地储备开发模式有如下几种：

一、PPP 模式

虽然土地一级开发项目采用 PPP 模式的很少，但 PPP 模式也经历了其发展的鼎盛时期，其中以重庆 PPP 土地一级开发项目发展得最为迅猛。2015~2016 年，重庆实施过大批土地一级开发 PPP 项目，例如重庆市广阳湾国际生态智慧城土地一级开发整治 PPP 项目、重庆市鹿角组团北部片区土地一级开发整治 PPP 项目、重庆市大渡口区钓鱼嘴南部片区土地一级开发整治 PPP 项目等。为此，重庆市政府还专门出台了招标实施细则——《重庆市国有土地一级开发 PPP 项目招标实施细则（试行）》（渝国土房管规发〔2016〕14 号）。

除重庆外，其他地方政府也有零星土地一级开发 PPP 项目。单纯的土地一级开发项目很少采用 PPP 模式的原因在于：一方面，土地一级开发项目没有实质的运营，其更像 BT 类型的项目，不是非常符合 PPP 强运营理念；二是开发主体的限制，《关于联合公布第三批政府和社会资本合作示范项目 加快推动示范项目建设的通知》（财金〔2016〕91 号）中规定：

"PPP 项目主体或其他社会资本，不得作为项目主体参与土地收储和前期开发等工作。"《关于规范土地储备和资金管理等相关问题的通知》（财综〔2016〕4 号）中规定："土地储备工作只能由纳入名录管理的土地储备机构承担，各类城投公司等其他机构一律不得再从事新增土地储备工作。"

土地一级开发项目采用 PPP 模式主要是靠"搭便车"，也就是将土地一级开发项目包含在城镇综合开发项目中，因为大部分城镇综合开发项目都需要完成土地前期开发整理的工作。

二、资金合作

资金合作模式在昆明与贵阳的部分地方实行，并且两地都分别出台了相关指导性文件。《昆明市人民政府关于印发昆明市社会资金参与土地一级开发整理项目的办法（修订）的通知》（昆政发〔2016〕72 号）与《关于印发贵阳市引导社会资金参与土地一级开发整理暂行办法》（筑府发〔2016〕24 号），两份文件关于土地一级开发整理的核心内容基本一致。

资金合作模式即通过招投标方式引入民营资金参与土地一级开发相关工作。第一种形式是民营资本与地方国资公司组建项目股公司的形式或以独立主体的形式投资并参与土地一级开发整理；第二种形式是民营资本只提供资金，不参与土地一级开发整理工作；第三种形式是民营资本可部分或全部参与土地一级开发的政治工作，比如只参与市政基础设施的工程建设，而不参与其他的如征地、拆迁及安置工作等。在这几种形势下，社会投资人可享受利润、一级开发管理费等投资回报，此部分将被计入土地一级开发成本。

资金合作模式有两个特点：首先，无论是哪种操作形式，政府及土储机构都不直接出面，而是由地方属地的国资公司具体负责一系列的操作；其次，所使用的社会投资人的资金，成本一般都不会太高，基本是参照银行同期贷款基准利率执行。

三、指定做地主体模式

杭州与石家庄等地方政府通过引入做地主体解决土地一级开发整理资金缺口的问题。做地主体的企业通常由地方政府直接指定，比如，杭州规定，经市委、市政府批准具有资质的做地主体有两类：一是市级城投公司做地主体，包括市城投集团、市交投集团、市运河集团、杭实集团、市地铁集团、钱江新城投资集团、钱江新城管委会7家单位；二是区级开发平台做地主体，包括上城区政府、下城区政府、拱墅区政府、西湖区政府、江干区政府杭州高新开发区（滨江）管委会、政府及杭州经济开发区管委会。做地主体可下设若干做地机构，做地机构应为政府（管委会）所属机构或国有独资企业。各做地主体在市委、市政府指定的片区区域范围内与市一级的土地储备中心合作展开土地的前期开发整理工作，具体负责实施地块的征地、拆迁、补偿，以及根据地块的控制性详细规划实施地块内配套设施建设和场地平整等工作。

石家庄的情况也是如此，市国控集团、市住建集团、市地产集团、市交投公司、市城投集团、市轨道公司为市级土地储备做地主体，参与全市范围内的做地项目。各区政府、管委会等须指定或组建至少一家做地主体公司且必须是国有独资企业，负责专项实施本辖区区域范围内做地工作。做地主体须履行包含编制和报批做地方案，并负责申请办理土地、规划、建设、环保等手续，筹集和支付资金，同时承担土地前期开发，安置房建设，协助区政府、管委会实施集体土地征收、安置补偿、旧城改造等具体工作。①

四、类 ABO 模式

前面介绍过，ABO 模式即授权—建设—运营模式。这种模式最具代表性的案例是北京市交通委员会代表北京市政府与京投公司签署的《北京市轨道交通授权经营协议》，即由北京市政府授权京投公司履行北京市轨道交通业的开发建设等相关工作，并由京投公司按照协议相关的授权负责整合与项目有关的各类市场资源②。

借鉴 ABO 模式，地方政府同样可以授权属地国企负责土地一级开发。ABO 模式的操作与指定做地主体类似，不同的是，ABO 模式下，通常被授权的企业不仅进行土地一级开发整理，还要负责整个区域的城市配套基础设施建设及城市的运营管理等。例如青岛市人民政府授权青岛西海岸发展（集团）有限公司土地整理职能，承担青岛西海岸新区土地的一级整理与开发、产业体系构建、基础设施及重点项目建设、金融发展及资本运作等诸多重要职能。项目区域内的土地及财税收入，除部分上缴国家和省里外，全额返还青岛西海岸发展（集团）有限公司。

---

① 石家庄市人民政府.关于进一步加强土地储备工作的若干意见（石政发〔2017〕37 号），2017 年 8 月 11 日。

② 景宏福，樊建强.ABO 模式在收费公路领域的创新应用.中国公路，2022（01）.

第三节 土地用途和国有土地取得方式

《中华人民共和国土地管理法》（以下简称《土地管理法》）第四条规定：“国家实行土地用途管制制度。国家编制土地利用总体规划，规定土地用途，将土地分为农用地、建设用地和未利用地。”国家质量监督检验检疫总局和国家标准化管理委员会共同发布国家标准《土地利用现状分类》（GB/T 21010–2007），其采用一级 12 个类别和二级 73 个类别两个分类层次的划分标准，对照新的土地用途分类与“三大类”合并归纳为：农用地包括 01 耕地、02 园地、03 林地、04 草地、11 水域及水利设施用地、12 其他土地；建设用地包括 05 商服用地、06 工矿仓储用地、07 住宅用地、08 公共管理与公共服务用地、09 特殊用地、10 交通运输用地、11 水域及水利设施用地；未利用地包括 11 水域及水利设施用地、12 其他土地。

《土地管理法》第五十四条规定：“建设单位使用国有土地，应当以出让等有偿使用方式取得；但是，下列建设用地，经县级以上人民政府依法批准，可以以划拨方式取得：（一）国家机关用地和军事用地；（二）城市基础设施用地和公益事业用地；（三）国家重点扶持的能源、交通、水利等基础设施用地；（四）法律、行政法规规定的其他用地。”《土地管理法实施条例》第十七条规定：“国有土地有偿使用的方式包括：（一）国有土地使用权出让；（二）国有土地租赁；（三）国有土地使用权作价出资或入股。"由上述两项规定可知，国有土地使用权取得方式共有四种：划拨、出让、租赁、作价出资（入股），其中，划拨为无偿取得；出让、租赁、作价出资（入股）为有偿取得。

一、国有土地使用权出让

根据《城镇国有土地使用权出让和转让暂行条例》的规定，土地使用权出让是指国家以土地所有者的身份将土地使用权在一定年限内让给土地使用者，由土地使用者向国家支付土地使用权出让金的行为。国有土地使用权出让的方式有协议、招标、拍卖三种。通过国有土地使用权出让取得土地使用权的土地使用者，其使用权在使用年限内可以转让、出租、抵押或者用于其他经济活动，合法权益受国家法律保护。首先，土地使用权转让是指土地使用者将土地使用权再转移的行为，包括出售、交换和赠与。其次，土地使用权出租是指土地使用者作为出租人将土地使用权随同地上建筑物、其他附着物租赁给承租人使用，由承租人向出租人支付租金的行为。最后，土地使用权抵押是指土地使用者作为债务人或者第三人以转移占有的方式向债权人提供土地使用权作为债权担保的行为；在债务人不履行债务时，债权人有权依法处分该土地使用权并就处分所得的价款优先得到偿还。

二、国有土地租赁

根据《规范国有土地租赁若干意见》，"国有土地租赁是指国家将国有土地出租给使用者使用，由使用者与县级以上人民政府土地行政主管部门签订一定期限的土地租赁合同，并支付租金的行为。"国有土地租赁不同于一般的土地使用权出租，它是国有土地有偿使用的一种形式，是出让方式的补充。"对于经营性房地产开发用地,无论是利用原有建设用地,还是利用新增建设用地,都必须实行出让,不实行租赁。"也就是说,除经营性房地产开发用地外,其他用地可以通过国有土地租赁的方式取得。

三、国有土地使用权作价出资或者入股

国有土地使用权作价出资或者入股有别于一般的土地使用权的作价入股,《中华人民共和国城市房地产管理法》第二十八条规定:"依法取得的土地使用权,可以依照本法和有关法律、行政法规的规定,作价入股,合资、合作开发经营房地产。"这里依法取得的土地使用权通常是指以出让、转让或者划拨等方式取得的土地使用权。而国有土地使用权作价出资或者入股,是国有企业划拨土地使用权进行有偿使用的方式之一,指国家以一定期限的国有土地使用权作价,作为出资或者入股投入企业,由企业持有该土地使用权,并可依法转让、出租和抵押。国有土地使用权作价出资或者入股形成的国家股股权,依法由国有股权持股单位统一持有。

四、土地使用权授权经营

国家以一定年限的土地使用权作价后授权给经国务院批准设立的国家控股公司、作为国家授权投资机构的国有独资公司和集团公司经营管理。被授权的公司和投资机构负责该土地的保值、增值,并可以凭政府主管部门发给的授权委托书向其他企业以作价出资(入股)或者租赁方式配置土地。

五、收缴土地使用费或者场地使用费

外商投资者与中国企业依据《中外合资经营企业法》《中外合作经营

企业法》等法律，在我国取得土地使用权，中方企业或者外商投资企业依法向中国政府缴纳土地使用费或者场地使用费。

第四节 经营性用地的概念和范围

《招标拍卖挂牌出让国有土地使用权规定》（国土资源部 11 号令）中最早提出"经营性用地"的概念，该《规定》第四条规定："商业、旅游、娱乐和商品住宅等各类经营性用地，必须以招标、拍卖或者挂牌方式出让。前款规定以外用途的土地的供地计划公布后，同一宗地有两个以上意向用地者的，也应当采用招标、拍卖或者挂牌方式出让。"该《规定》虽然对于"经营性用地"没有给出明确的解释，但从条款的描述中可以看出，"经营性用地"是指土地用途为商业、旅游、娱乐和商品住宅等种类用地，此后"经营性用地"的说法也广泛出现在国家关于土地相关的各项文件政策中。

《招标拍卖挂牌出让国有建设用地使用权规定》（国土资源部 39 号令）第四条规定："工业、商业、旅游、娱乐和商品住宅等经营性用地以及同一宗地有两个以上意向用地者的，应当以招标、拍卖或者挂牌方式出让。"此处将工业、商业、旅游、娱乐和商品住宅并列，称为"五类经营性用地"，如加上日常使用的"服务用地"，则合并称为"六类经营性用地"。

我国目前关于"改变土地用途为经营性用地"的政策文件规定如下：

国务院办公厅《关于清理整顿各类开发区加强建设用地管理的通知》（国办法〔2003〕70号）第四条规定："协议出让的土地改变为经营性用地的，必须先经城市规划部门同意，由国土资源行政主管部门统一招标拍卖挂牌出让。"

国土资源部《协议出让国有土地使用权规定》（国土资源部第21号令）第十六条规定："以协议出让方式取得国有土地使用权的土地使用者，需要将土地使用权出让合同约定的土地用途改变为商业、旅游、娱乐和商品住宅等经营性用途的，应当取得出让方和市、县人民政府城市规划部门的同意，签订土地使用权出让合同变更协议或者重新签订土地使用权出让合同，按变更后的土地用途，以变更时的土地市场价格补交相应的土地使用权出让金，并依法办理土地使用权变更登记手续。"

国土资源部、监察部《关于继续开展经营性土地使用权招标拍卖挂牌出让情况执法监察工作的通知》（国土资发〔2004〕71号）第二条规定："各地要严格和规范执行经营性土地使用权招标拍卖挂牌出让制度。"

《国务院关于深化改革严格土地管理的决定》（国发〔2004〕28号）第十七条规定："推进土地资源的市场化配置。严格控制划拨用地范围，经营性基础设施用地要逐步实行有偿使用。运用价格机制抑制多占、滥占和浪费土地。除按现行规定必须实行招标、拍卖、挂牌出让的用地外，工业用地也要创造条件逐步实行招标、拍卖、挂牌出让。经依法批准利用原有划拨土地进行经营性开发建设的，应当按照市场价补缴土地出让金。经依法批准转让原划拨土地使用权的，应当在土地有形市场公开交易，按照市场价补缴土地出让金；低于市场价交易的，政府应当行使优先购买权。"

第五节　招标投标模式

我国实行的是具有中国特色的社会主义市场经济体制，建设工程招投标又是市场经济的必然产物。通过招投标的方式选择施工单位符合市场经济优胜劣汰的规律，也是项目管理的一种有效模式，同时招投标也集中体现了公平、公开、公正的市场原则。由于土地开发整理资金绝大多数来源于国家投资，即财政预算内的资金，根据国家有关规定，包括《国家投资土地开发整理项目实施管理暂行办法》《国家基本建设大中型项目实行招标投标的暂行规定》《中华人民共和国招投标法》等，建设工程的体量达到一定规模的必须实行公开招标，对于未达到规定要求规模的可实行邀请招标政策。

土地开发整理项目的工程实行招投标不仅有必要性，还具有十分重要的意义。招投标有利于提高工程质量、保证工程进度并降低工程成本。实行招投标有利于从制度和根本上遏制土地开发整理项目建设中的腐败行为和不正之风，是有效加强党风廉政建设的重要措施。

以县级项目为例，招投标的程序和方法如下：

（一）委托招标代理机构

由于招标人不具备工程招标资质（招标人不具备编制招标文件和组织

评标能力，故不能自行办理招标事宜，须委托有资质的招标代理公司），所以委托具有招标代理资质的招标代理机构负责××垦区开发项目的招标工作，订立委托合同。

（二）办理工程报建及初步发包方案

由招标代理机构向县招投标管理办公室办理工程报建及初步发包方案。报建内容包括项目依据及项目规模，初步发包方案包括招投标标段划分、投标单位和项目经理的报名条件等。

（三）发布招标信息

可通过交易中心、新闻媒体或网络等形式发布招标公告。发布的招标公告包括：工程项目的规模、标段划分、报名条件、报名时间、报名地点和需递交的相关证件。此外，招标公告需在县建设工程交易中心公示3天，且公告中无排斥潜在投标人条款。

（四）投标报名和资格预审

在信息发布后的第三天下午，在县建设工程交易中心进行集中投标报名，同时发给报名人资格预审文件，资格预审通过后发出通知书。

（五）确定投标入围单位，授予招标文件

根据公开招标入围方式选择施工单位，参加投标的单位不少于7家。若资格预审合格的单位超过7家，由项目承担单位推荐两家，其余各家在资格预审合格者中用抽签方式确定。若资格预审合格不足7家，则全部入围。

招标文件包括施工招标文件及设计图纸。在招标文件发布前招标办严格审查报送的施工招标文件，对执行定额及费用要求、价差处理、标书所需内容、主要合同条款、价款调整方式方法、评标方法等重点把关，对能在招标文件上明确的条款要求尽量明确，为正确编制标底和投标报价提供可靠依据，避免中标后招标人、中标人在订立合同中出现有争议的问题。

（六）组织踏勘现场

组织入围单位踏勘项目现场，介绍项目情况，增加投标单位感性认识。

（七）召开投标预备会

按招标文件规定的时间召开投标预备会，编标、设计、投标单位参加。投标单位对编制投标文件中的疑问由编标、设计单位答复，并形成书面文件。

（八）编制标底

委托有编制资质的造价咨询机构编制标底，由招投标管理办公室委托具有资质的机构审核标底。工程编标和审标均采用全封闭形式并派监督人员参加。参加人员所有通信工具全部交监督人员保管，做到标底严格保密。

（九）进入投标、开标、评标阶段

按招标文件规定的时间和地点进入投标阶段，完成投标、开标、评标、定标工作。

1.提前一小时组成评标委员会。开标前一小时由招标单位从评委库中随机抽取，做到通知人员与抽取人员分离，中标结果确定前，评委名单严格保密。

2. 在规定的投标时间进行标书签收和投标人签到。

3. 参加招标监督管理的招投标管理办公室人员、纪检监察及公证处人员，准时入场。

4. 公证处核验投标项目经理及投标单位法人代表或委托人相关证件。

5. 公证处审验标书密封完好情况。

6. 招标代理机构工作人员拆封标书，当众宣读主要内容，并予以明示。

7. 进入评标阶段：先评技术标，后评商务标，评委各自打分，评委所有通信工具提交监督人员，评标地点与开标地点分离。

8. 评审结果出来后，汇总投标人得分，并予以明示。

9. 评标委员会形成书面评标报告，评委会主任宣布各投标单位得分和名次，宣布中标人名单。根据有关规定，使用国有资金投资的项目，招标人应当确定排名第一的中标候选人为中标人。

10. 公证处致公证词，对开标作出评价。

（十）招标投标情况备案

招标人确定中标人后15日内，向县招标办提交施工招标投标情况的书面报告，并将中标结果在县建设工程交易中心公示2天。

（十一）签发中标通知书

在中标结果公示2天无异议后，招标单位向中标单位签发中标通知书，并到当地招标办备案。

（十二）签订施工合同

由招标人与中标单位签订施工合同，相关部门参加，并同时签订廉政协议。

第三篇
政企合作项目模式实操落地

第六章　PPP项目实操落地

第一节　PPP项目发展历程

PPP 模式最早源于英国，因为独特的开发理念和政企合作的独特优势而迅速推广到全球。1992 年，英国保守党领袖约翰·梅杰提出了 PFI（Private Finance Initiative）项目，这是历史上第一个旨在推广 PPP 模式的系统性规划 [①]。1996—2005 年间，英国 PPP 合约总价值年均达到 81 亿美元，并在 2006 年达到峰值 207 亿美元，PPP 协议的平均额度在 4800 万美元到 1.1 亿美元之间。目前在英国超过 80% 的基础设施由不同形式的私人投资或 PPP 完成。在澳大利亚，PPP 的推广在早期受到保守的地方政府的阻挠，1992—2004 年间仅有 127 个 PPP 项目实施，总金额 347 亿美元；2004 年以后，各地政府层面对 PPP 的态度达成一致，大大加快了 PPP 项目的推广。在加拿大，20 世纪 90 年代政府开始推行 PPP 模式进行基础设施建设，在 2008—2010 年间，已共有 28 个 PPP 项目实施，涉及总金额

[①] 何代欣.大国转型下的政府与市场合作机制——中国PPP策略与事实.经济学家，2018（01）。

100 亿美元，平均每笔交易规模为 4000 万美元。

对 PPP 模式国人总有一种误解，认为 PPP 主要是私营企业为进行市政公共基础设施建设而融资的一种手段，但实际应用中 PPP 模式更多的意义在于通过引入私营企业市场化的专业管理技术，将项目设计规划、效益管理、融资理念、项目管理等相结合，使全项目周期的操作更加科学，成本收益比最大化，在创造更多的社会效益的同时，将风险进行有效的分散和转移。

我国应用 PPP 模式的实践 1984 年已经开始，其发展可划分为以下三个阶段：

第一阶段（1984—1998 年）：摸着石头过河。改革开放至 20 世纪 80 年代中期，我国的基础设施建设速率已无法满足经济的高速发展，仅凭地方政府财政支出难以支撑基础设施建设项目庞大的体量。在此背景下，为了满足国民生活需求和经济发展，中央及各地方政府开始试图通过政企合作模式将民营资本及外资引入基础设施建设领域。最早关于政企合作领域的立法为 1995 年我国国务院各部委颁发的有关 BOT 项目模式的两个通知。自此开始，私营企业开始积极参与交通、能源、自来水等基础设施建设项目，广西来宾电厂项目、成都自来水六厂等都是非常成功的代表。1998 年 9 月，为了控制对外隐性债务，国务院颁布了一系列有关限制为外资提供固定回报的政策，一些特许经营项目也因此在到期日之前就被当地政府赎回。这一系列政策的实施很好地控制了外资对我国政企合作项目的投资。

第二阶段（2001—2009 年）：飞速发展。2001 年中国加入世界贸易组织（WTO），我国基础设施领域和公共服务的投资需求量与日俱增，为了吸引投资者投资收入稳定、风险较低类型的项目，政府制定了一系列政策鼓励国内外民间资本以特许经营授权等方式投资公共交通、自来水供水及污水处理、供电、供气及供暖等公共服务项目领域，其中最为知名的当属2008年北京奥运会场馆的建设，其也成为政企合作运用率最为集中的典型案例。在整个奥运基础建设中，超过三分之二的奥运场馆采用PPP模式开发，最具代表的"北京鸟巢体育馆"便是第一个运用政企合作模式打造的体育馆项目。我国第一个城市交通基础类设施的PPP项目是北京地铁四号线的建设，其总投资规模达到了153亿元，其中30%的资金由项目建设和运营方负责筹集。2008年金融危机影响全球，我国为控制风险，将实施城市开发投资的主体转为地方政府投融资平台完成项目的融资、开发建设。由地方政府主导的基础设施投融资模式在短期内效果明显，迅速提高了固定资产投资比例，但同时也给地方政府造成了庞大的债务负担，潜在风险也很快暴露出来。

第三阶段（2013年底至今）：平稳发展。从2013年开始我国经济进入平稳发展期，同时由于世界其他经济体受到金融危机的影响，致使我国经济面临的外部需求下降。在此经济背景下，各地方政府因过去经济高速发展所带来的债务风险开始逐渐暴露，以往的土地财政的开发模式无法持续。据审计署发布的全国政府性债务审计结果显示，截至2013年6月，地方政府负有偿还责任的债务中来自银行贷款的超过50%，短期债务占比超过70%。为了应对并解决地方债务危机，我国政府一方面加紧处理累积债务，采取地方政府发债、债务置换等方式化解地方债务危机带来的风险；另一方面开始全面同步推行加强政企合作的PPP模式，使其重新恢复为城市基础设施建设的主要力量，也使其成为项目资金的主要筹集方式。

2014 年 9 月，国务院颁布 43 号文①，随后财政部也连续下发了 6 个关于政企合作项目的政策性指引文件。这一系列文件组成了 PPP 模式运作的管理体系，旨在推进 PPP 项目在市政基础设施开发上的迅速落实。2015 年 4 月国家发改委向社会公布的 PPP 项目库，共包含项目 1043 个，涉及投资金额达 1.97 万亿元。各地方政府积极响应中央号召，先后出台了地方性促进 PPP 模式运作的相关政策，自此，PPP 模式在我国开启了新一轮的推广应用热潮。

第二节　PPP项目影响因素

随着越来越多的社会资本参与到政企合作项目中，PPP 模式在大量资金的加持下也得到前所未有的高速发展。各地政府也陆续向市场推出了大量的 PPP 项目，但是很可惜的是，地方政府与民营资本成功签约并落地的项目并不多。无法落地的原因有很多，其中大部分还是由于 PPP 项目自身的不确定因素过多，比如收益问题，比如自身风险，比如地方政府对于政企合作的理念、操作流程、行为的不当，比如法律法规不尽完善等，都影响了民企参与 PPP 项目的积极性。

为了加快地方政府在政企合作中职能的转变、化解地方政府的债务风

---

① 国务院.国务院关于加强地方政府性债务管理的意见（国发〔2014〕43 号），2014 年 9 月 21 日。

险、加快完善城镇化发展体制，党的十八届三中全会上明确提出了允许并鼓励民间资本通过特许经营权授权等方式参与到城市基础设施投资、开发和运营中，让更多民营企业与政府合作共同参与投资、开发、建设公共基础设施项目。但还是由于一些原因，目前为止，民企参与基础设施的项目仍然很少。制约PPP项目发展的风险因素有很多，具体如下。

一、PPP项目自身的风险

PPP项目自身的风险来源主要有三种，即政策风险、市场风险和项目风险。

1.政策风险

政策风险主要指国家宏观层面上的政策环境变化。如相关法律法规的变动、政府的干预以及公众反对，等等。国内多年来PPP项目的实践表明，其所可能面临的最大风险就是政策风险。

2.市场风险

市场风险的发生，通常情况下是指经济市场中无法准确预估和测算的市场价格、市场需求、利率、汇率等变化所带来的经营风险。市场风险主要包含供求风险和金融风险两大类。供求风险主要指因社会经济发展或其他原因所导致的无法预期的市场供求关系变化所引发的项目收益风险。而金融风险又分为宏观层面和微观层面两大类：宏观层面的风险，主要是指无法预期金融市场的系统性风险，例如货币的通货膨胀率、利率、汇率等变化所引起的项目成本增加导致的收益不确定的风险；微观金融层面的风险，主要是指民营资本在募集资金的过程中，能否顺利以合理的成本从金融市场上募集资金的风险。

3. 项目风险

项目风险，一般是指的是 PPP 项目因自身内部原因（如行业属性等）可能遭遇的潜在风险，如不合理的规划、立项、工程设计、施工安全问题、不恰当的质量控制体系和不合理的股东结构等项目本身原因可能导致的风险。

二、PPP 项目的收益不确定性

政府补贴型项目因自身原因导致收益率低、项目出现亏损的情况也相对较多。不仅如此，大多数使用者付费型项目也会面临经营层面的风险，这也就导致了 PPP 政企合作项目的失败率相对较高。导致这种情况的出现，很可能是由于大部分基础设施和公共服务项目的定价机制不合理或政府补贴的内容及条件不明晰。由于政府的定价机制并不同于单纯的市场行为，所以通常不能准确地反映项目实际成本和运营支出，再伴随通货膨胀率、居民收入提高、市场供求关系变化等诸多系统性因素，很容易造成项目中出现民企收益不足，项目运营陷入亏损的情况。关于地方政府补贴的部分，由于在政企合作合同和协议中对政府补贴部分的表述通常不够细致具体或缺乏弹性调整空间。而且，大都也没有有效、完善、实用性的成本核算制度和相应的补贴监管制度，再加上政府对应项目的补贴难以长久落实，这些都在实操当中给项目带来相对较大的经营风险。

三、部分地方政府的观念滞后、行为不当

国家高层号召推广 PPP 模式项目，但是有一些地方政府观念相对滞后、行为也有所欠妥。有的地方政府盲目跟风中央政策或只做表面文章迎合；有的地方政府则把不适合的项目恶意包装成为政企合作项目，以 PPP

模式作为噱头从民营企业处融资，完全背离了 PPP 模式的真正意义；有的地方政府则在 PPP 项目操作中，根本不考虑民企，只与国企合作，没有发挥 PPP 模式的真正作用。这些不当的行为打击了民营企业和民间资本对 PPP 项目的热情和信心，不仅严重阻碍了 PPP 模式的推广，更是阻碍了公共产品和服务的效率与质量的提升。部分地区政府的不当行为主要体现在以下三个方面：

1. 借 PPP 模式向民企转移风险

某些地方政府为了化解巨额债务带来的风险，把一些经营困难并且背负巨额债务的存量项目进行重新包装，之后以 PPP 项目的形式重新推向市场，通过吸引民间资本妄图使项目起死回生并扭亏为盈，在减轻政府债务负担的同时也将项目风险转嫁到民间资本身上。原本由地方国企经营，收益相对稳定的使用者付费项目（最适合推行 PPP 模式的项目），地方政府却不愿意拿出来与民营企业合作而采用 PPP 模式。各种不当处置行为不仅阻碍了 PPP 项目的落地实施，也为政企合作的模式平添了诸多障碍，更是打击了民企参与政府项目的积极性。

2. 以 PPP 项目进行变相融资

国务院 2014 年发文，要求各地方政府"剥离融资平台政府融资功能，融资平台公司不得新增政府债务"①。某些地方政府为解决地方债务相对较高的问题，索性就将一些地方政府融资平台或者地方国企"包装"成私营企业或民营资本，从而参与到 PPP 项目之中。有些地方政府为了继续维持

---

① 国务院. 国务院关于加强地方政府性债务管理的意见（国发〔2014〕43 号），2014 年 9 月 21 日。

地方政府融资平台的功能，选择绕开国务院 43 号文的规定，把一些原本由承包方垫资建设，再由业主方回购的 BT 类项目"包装"成 PPP 项目，采用短期回购、明股实债，甚至是兜底回购等方式吸引民营资本的进入。这些"变相融资"的方式，不仅不会提高项目的原有融资、开发、经营效率与收益率，相反，由于交易结构复杂还会多付出更多的融资成本，使实际融资成本大大高于政府直接融资。而且，由于这些伪 PPP 项目的出现，造成了"劣币驱逐良币"的恶劣影响，严重打击了民营企业和民间资本对政企合作和 PPP 项目的信心与热情。

3. 政府失信

某些地方政府更是在没有经过合理测算和规划的情况下，盲目推出海量 PPP 项目，并且以税收优惠、财政支持甚至是设置最低投资收益回报率等"任性"承诺的方式吸引民间资本的投资。但这些承诺大都没有充分考虑政府的财政支付能力，更有甚者是在明知地方财政不足以负担的情况下仍贸然推出项目，妄图"拆东墙补西墙"，进一步造成政府债务隐性风险加剧，导致政府无力兑现以及政府失信的情况出现。

四、针对 PPP 项目的相关法律法规不完善

PPP 项目由于其风险高、利益关联复杂等情况，需要完善的法律制度来应对风险和可能发生的利益债务纠纷。政府与民营企业的地位先天就不太对等，需要司法部门为民营企业提供足够的司法支撑，以保障民营企业的合法权益。目前，关于 PPP 项目的相关法律法规还不尽完善，其问题主要体现在三个方面：

1. 在法律层面

目前我国尚未颁布适用于 PPP 模式的专用法规法律,《特许经营法》的立法工作也并未取得实质性进展。现行或颁布的部委相关规章、地方管理条例、具体项目"一事一议"专营管理办法等相关条文的权威性不足,适用性及稳定性较差,造成了 PPP 项目面临的法律风险相对较高。

2. 管理办法"政出多门"且协调性差

目前从行政单位来看,财政部为我国 PPP 项目的主管单位,发改委参与并负责推广。财政部的工作重点在于对存量项目的处理,而发改委的职能则侧重于新项目的审批,两个部门根据自身职能不同分别推出了 PPP 项目操作指南。财政部组织 PPP 示范项目推介会,发改委也设立了项目储备库。但是正是这种多头分管的管理模式,导致了部委之间的工作衔接不畅、具体条款也出现了相互冲突的现象。

3. 争端解决机制不健全,执行性不强

PPP 项目涉及的利益主体即参与方由地方政府、民营企业及社会民众三方组成。PPP 项目签订的合同、协议,尚无明确界定属于民事合同还是行政合同,一旦民营企业因权益受损而发生法律纠纷,无法确定是采用民事诉讼、行政诉讼还是仲裁的方式进行申诉,导致民营企业的权益从某种程度上来讲是没有保障的。不仅如此,地方政府和相关部委的诸多规定仅为原则性或方向性的,如特许权如何授予、由谁授予、项目的进退机制、争端解决及申诉机制等都没有明确具体的官方解释。加之社会民众的利益诉求机制缺失,难以有效、公平、公正地解决 PPP 项目开发、建设以及后期运营期间发生的权益纠纷。

第三节　PPP项目的识别和准备

PPP 项目前期准备工作，通常情况下是指政府相关职能部门、国有企业或社会资本在 PPP 项目前期识别、准备等阶段，根据相关法律、行政法规或其他地方政策性文件应完成的准备、验证、审批等工作。

一、可适用范围识别

原则上 PPP 模式一般适用于地方政府负有提供、监督义务，适宜社会资本投资、投资规模大、产出明确、需求稳定的公共服务项目。政府职能部门、国有企业或社会资本在发起 PPP 项目时，应注意对项目性质的识别。仅涉及工程建设，不涉及运营维护内容的项目、财政支出责任占比超过 5% 的地区政府付费项目、财政支出责任占比超过 10% 的地区项目、商业或产业发展类等项目均不太适合采用 PPP 模式①。实践中，除项目本身的性质外，还应关注项目所在地政府的财政状况，要综合考虑可采用的 PPP 模式的项目范围。

二、实施方案的规范性

PPP 项目在前期准备时，应注意编写的 PPP 项目实施方案的规范性。编写 PPP 项目实施方案时，应在结合项目实际情况的基础上，参照相应

---

①《关于进一步推动政府和社会资本合作（PPP）规范发展、阳光运行的通知》（财金〔2022〕119 号）。

的国家或地方政策规范进行编写，保证项目实施方案内容的细致性、完整性。同时，应重点关注 PPP 项目交易结构、项目采购和绩效考核等内容，即项目实施方案的交易结构应满足国家对项目投资本金的要求，不得出现政府或政府指定主体向社会资本回购投资本金、承诺固定回报或保障最低收益的内容，也不得存在担保、还款承诺等内容，严防隐形债务的形成。①项目实施方案中的项目采购应明确采购方式和适用的采购规范，做到采购适用规范清晰明了，明确其是否适用"两标并一标"等内容。项目实施方案的绩效考核部分，应建立完全与项目产出绩效相挂钩的付费机制，不得通过降低考核标准等方式，提前锁定并固化政府支出责任。②在内容满足规范要求的基础上，应注意将满足规范要求的项目实施方案提前报送地方政府相关部门审批。

三、财政受理论证及物有所值评价

PPP 项目在前期准备时，应注意规范财政承受能力论证和物有所值评价。首先在开展项目财政承受能力论证时，对未来财政支出增长预测应注意与已有项目保持一致，除非是污水、垃圾处理等依照收支两条线管理的 PPP 项目，其他的不得从政府性基金预算、国有资本经营预算中安排 PPP 项目运营补贴支出。涉及跨区域财政预算支出安排的，应注意按照各自承担的财政支出责任分别进行论证。其次，在开展项目物有所值评价时，除定性评价外，应注意项目物有所值定量评价，在计算 PSC 值（Public Sector Comparator，公共部门比较值）、PPP 值（Purchase Power Parity，购买力平价）时所采用的参数应注意同地区相同或相似项目保持一致。再次，PPP

①②《关于推进政府和社会资本合作规范发展的实施意见》（财金〔2019〕10 号）。

项目在前期准备时应注意与项目立项审批等手续的协调。凡是涉及政府出资的 PPP 项目，应按照政府投资项目进行前期审批，并严格按照流程依次审批项目建议书、可行性研究报告、初步设计（核定概算）等文件，明确政府投资资金的投资计划。实行核准制或备案制的企业投资项目时，应根据《政府核准的投资项目目录》及相关规定，由相应的核准或备案机关履行核准、备案手续。若项目需变更项目法人的，则应在批复文件中明确规定可以根据社会资本方的选择结果依法变更项目法人。要保证 PPP 项目的实施与传统项目立项制度的协调。若涉及存量项目及国有资产转让的，应按照国有资产监督管理规定履行相应的审批、备案手续。①

四、合法性及合规性

随着《最高人民法院关于审理行政协议案件若干问题的规定》（法释 [2019]17 号）的出台，符合规定的 PPP 项目协议发生争议将被认定为行政协议争议，应按照行政诉讼流程进行处理，而行政诉讼案件适用的规范比民事诉讼适用的规范的范围更大，争议、解决过程中更加重视项目准备过程中政府实施行为的合法性。因此，在准备过程中应重点关注、审查 PPP 项目准备阶段工作内容的合法性、合规性，若发现 PPP 项目准备过程中存在违规行为的，应及时采取补救措施，避免影响 PPP 项目后续工作的开展。

---

① 财政部.关于规范推进政府与社会资本合作 (PPP) 工作的实施意见（征求意见稿），2018 年 8 月。

第四节　PPP项目的采购和实施

一、项目采购

PPP 的项目采购，是指政府或者其授权机构，按照标准竞争程序（招投标等）选择社会资本的过程。由于 PPP 项目对社会资本的资质要求相对较高，为保证所选择社会资本的竞争力，要求政府或者其授权机构在实践中进行严格的资格预审。PPP 项目资格的预审公告应当在省级以上人民政府财政部门指定的媒体上进行公布。资格预审的申请文件提交时间自公告发布之日起应不少于 5 个工作日。[①]

在 PPP 项目的资格预审完成后，即在保证社会资本对 PPP 项目选择的竞争力后，政府或者其授权机构应根据项目的实施计划确定采购方式并选择社会资本。根据《政府采购法》及其固定的条例、《招标投标法》及其实施条例或其他法律规范的规定进行项目的落地采购。

二、项目实施

项目实施的过程，通常是指政府或者其授权机构通过竞争的方式选择社会资本，并且由社会资本或项目公司负责投资后，与社会资本或其成立的项目公司签订 PPP 项目协议的过程，以及 PPP 项目的建设和运营。在PPP 项目中，社会资本依法合规设立项目公司的，政府或者其授权、委派

---

①《中华人民共和国政府采购法实施条例》第二十一条。

的有关机构可以依法加入项目公司。设立项目公司，政府应当监督社会资本是否按照合同的约定足额缴纳出资，不得允许社会资本不按照合同约定出资或者抽回出资。

1. 资金募集

由项目管理公司或民营资本负责 PPP 项目融资。民营资本或其组建的项目公司应及时进行项目融资方案设计、资源管理、募集资金和融资交付。如果社会资本或项目公司未能按照项目合同如期完成融资，政府及委托机构有权撤回其履约担保，直至 PPP 项目的合同终止。当项目执行期间发生系统性财务风险或不可抗力时，地方政府、社会资本或项目公司可根据项目合同的约定协商修改合同中的相关融资条款。当项目存在重大经营风险或财务风险，有可能威胁或侵害到债权人的利益时，债权人可以根据与政府、社会资本或项目公司签订的直接介入协议或相关条款，要求社会资本或项目公司进行管理上的改进。在直接介入协议或者条款规定的期限内，重大风险已经消除的，债权人应当及时停止介入[1]。

2. 合同履行

政府或者其授权机构应严格按照项目合同约定的条款履行政府支付义务。财政部门应结合中长期财务制度优先考虑政府支付，将政府性支付纳入同级政府管理体系，并按照预算管理的有关规定严格执行并控制当地政府财政风险。在政府综合财务报告制度建立后，政府在政府和社会资本合作项目中的支付义务应当及时纳入政府综合财务报告。此外，政府或者其

---

[1] 自贡市沿滩区人民政府.关于推广政府和社会资本合作（PPP）模式的实施意见（征求意见稿），2016 年 3 月 22 日。

授权机构应根据项目合同，监督社会资本或项目公司履行合同义务，定期监督项目产出绩效指标，编制详细的项目季度报告和年度报告，并及时报送财务部备案。对于项目收益，由于 PPP 项目大都属于基础设施和公共服务项目，需要政府及其授权机构合理限制社会资本的收益率，即建立超额收益的分享机制，社会资本或其授权主体应当按照项目合同或协议的约定，按时、足额地向政府支付超额收益。工程实际执行收益情况低于约定标准的，政府应当执行工程合同约定的奖励、补偿条件，并以此作为工程期满是否可以延期的依据。未达到约定标准的，项目执行机构应当在项目合同约定前执行处罚条款或者救济措施。如果民营资本或项目公司违反 PPP 项目合同的，如发生威胁到公共产品和服务的持续稳定供应，或危及国家安全和重大公共利益，政府有权暂时接管项目，直至项目提前终止。政府可以指定有资质的组织或机构实施临时接管。项目临时接管所发生的一切费用，由违约方承担或按项目合同的约定由各责任方分担。社会资本或项目公司承担的临时接管费用，可从终止补偿中扣减。[1]

3. 违约处理

在工程项目合同的执行和管理过程中，政府或者其授权机构应着重关注项目合同的修改、违约责任和争议的解决。根据项目合同规定的条款和程序，政府或者其授权机构、项目管理公司可以根据社会经济环境、公共产品和服务的需求量及结构的变化，申请修改项目合同的相关部分条款，

---

[1] 财政部. 关于印发政府和社会资本合作模式操作指南（试行）的通知（财金〔2014〕113 号），2014 年 11 月 29 日。

经几方批准后方可按照重新约定的条款实施。① 政府或社会资本不履行或未完全履行合同规定的义务的，应当承担其相应的违约责任。工程合同当事人协商不成的，可以依法申请仲裁或者提起民事诉讼。

第五节　PPP项目移交

一、PPP 项目社会资本有条件退出的相关国家政策

《关于推广运用政府和社会资本合作模式有关问题的通知》（财金〔2014〕76 号），在"细化完善项目合同文本"部分，明确提出："地方各级财政部门要会同行业主管部门协商订立合同，重点关注项目的功能和绩效要求、付款和调整机制、争议解决程序、退出安排等关键环节，积极探索明确合同条款内容。"

在《国务院关于创新重点领域投融资机制鼓励社会投资的指导意见》（国发〔2014〕60 号）中，对 PPP 项目完善退出机制提出了明确要求："政府要与投资者明确 PPP 项目的退出路径，保障项目持续稳定运行。项目合作结束后，政府应组织做好接管工作，妥善处理投资回收、资产处理等事宜。"

国家发改委《关于开展政府和社会资本合作的指导意见》（发改投资〔2014〕2724 号）中，将"退出机制"作为"加强政府和社会资本合作项

---

① 财政部 . 关于印发政府和社会资本合作模式操作指南（试行）的通知（财金〔2014〕113 号），2014 年 11 月 29 日。

目的规范管理"部分的重要环节,并提出:各级地方政府要"依托各类产权、股权交易市场,为社会资本提供多元化、规范化、市场化的退出渠道"。

国家发展改革委《关于切实做好传统基础设施领域政府和社会资本合作有关工作的通知》(发改投资〔2016〕1744 号)中提出:"推动 PPP 项目与资本市场深化发展相结合,依托各类产权、股权交易市场,通过股权转让、资产证券化等方式,丰富 PPP 项目投资退出渠道。"

《关于加强中央企业 PPP 业务风险管控的通知》(国资发财管〔2017〕192 号)中提出:"积极盘活存量投资,完善退出机制。根据自身和项目需要,持续优化资金安排,积极通过出让项目股份、增资扩股、上市融资、资产证券化等多渠道盘活资产、收回资金,实现 PPP 业务资金平衡和良性循环。"

由此可见,国家层面对完善 PPP 项目的退出机制提出了宏观的、纲领性的要求。在 PPP 项目合同的编制中,社会资本退出机制的约定,成为 PPP 项目合同的重要组成部分之一。财政部《关于规范政府和社会资本合作合同管理工作的通知》(财金〔2014〕156 号)也提出:"兼顾灵活。合理设置一些关于期限变更(展期和提前终止)、内容变更(产出标准调整、价格调整等)、主体变更(合同转让)的灵活调整机制,为未来可能长达20-30 年的合同执行期预留调整和变更空间。"

在项目实践操作期间,PPP 项目的合同中,民营资本的退出方式及路径一般有特许经权到期移交、项目公司减资、股权转让、公开上市、资产证券化等诸多方式,在上述已出台的国家政策中也有相关法律规定的体现。其中，到期移交以及股权转让是 PPP 项目实施过程中较为常见的民营资本退出方式。

二、项目到期移交

以 PPP 为模式的项目中涉及的项目到期移交，通常是指 PPP 项目合作期届满（包括合作期正常终止和合作期提前终止等）后，承包方或项目管理公司将项目所有软硬件资产（全部项目设施、固定资产、软件系统及相关权益）以合同约定的条件和程序移交给政府或者政府授权机构。此类移交通常发生于 BOT 模式和 TOT 模式以及其他类似运作的政企合作项目中。

三、项目到期移交方式

1. 资产移交

一般是指在 PPP 项目政企合作期届满（包括合作到期正常终止和合作未到期提前终止）后，项目管理公司将项目资产移交政府或者政府指定机构并按照合同约定的条款进入清算程序，实现退出。

移交的资产主要是用于项目运营所需的所有有形及无形（包括软件、技术、文件等）资产，但并不包括项目管理公司的账面现金（包括银行存款等现金等价物）余额。承包方或项目管理公司的现金（银行存款）余额一般为项目经营所得资产，是民营资本投资回收的收益归集，应当再将其进行对于项目管理公司的股东分红。

若承包方或项目管理公司对于项目运营所需资产没有所有权时，项目在移交时应将运营所需资产的相关使用权、占有权、经营权等全部移交与政府及相关部门。

2.股权移交

是指在 PPP 项目合作期届满（包括合作期正常终止和合作期提前终止）后，承包方或项目管理公司中的民营资本，将其在项目管理公司中所占的股权及相关权益移交给政府或者政府指定机构，实现资本退出。

成都市人民政府签发的《关于进一步推进政府和社会资本合作（PPP）的实施意见》（成府发〔2017〕25 号）明确约定："项目合作期满，项目移交可以采取资产移交或股权移交的方式。项目实施机构应与项目公司或社会资本按合同约定共同做好移交工作，确保移交过渡期内公共服务的持续稳定供给。"此文件的相关规定进一步认可了期满股权移交方式的合规性。

所以，项目到期移交时包含资产移交方式和股权移交方式。至于最终采取哪种方式进行移交，取决于政企合作双方签订的《PPP 项目合同》中的约定。需要注意的是，无论采取资产移交的方式还是股权移交的方式，只能选择一种方式约定同一事项。

四、项目到期移交方式与合作期提前终止补偿方式

项目到期移交，通常包括合作期正常终止移交和合作期提前终止移交两种情况。如前文所述，项目移交方式一般有资产移交和股权移交两种形式，股权移交的方式多用于合作期提前终止补偿中。

在项目落地执行期间，大都会在项目合同的约定中，对合作期提前终止的情况单独设置章节约定。例如，终止事由以及相关处理机制和移交等工作相关事宜的约定。通常导致项目合作期提前终止的事由包括但不限于：政府方选择终止、项目管理公司违约、政府方违约（例如，PPP 项目所提供的公共产品或服务已经不合适或者不再符合社会大众的需求，抑或是会影响公共安全和公共利益）或不可抗力事件，等等。项目合同中通常会有相关条款针对这些提前终止的不同情形约定以及相对应的提前终止补偿机制。

项目到期移交方式或合作期提前终止补偿方式一定要保持一致。项目到期移交与合作期提前终止补偿两种方式都涉及股权移交方式，但是不同的是，一种是因期满而采取的到期移交方式，另一种则是补偿方式、补偿机制（因不同的提前终止事件导致项目终止的补偿）。彼此适用的实际情况不同，表述的内容、存在的意义也不尽相同；不仅如此，也会因为适用的原因不同、节点不同、计算公式不同，适用的计算方式大相径庭。而且，在项目合同中有关合作期提前终止的章节，亦须要有对合作期提前终止移交的相关约定，与此处的提前终止补偿也是完全不同的表述内容。所以，PPP项目中涉及的到期移交方式中应包括合作期正常终止和合作期提前终止两种移交方式外，还应包括提前终止补偿方式的严谨表述，以防因条款表述不清而产生混淆，导致合作的几方之间出现矛盾。

五、社会资本股权转让退出

社会资本股权转让退出（项目公司股权转让），是指民营资本将其拥有的项目管理公司股权及相关权益依法转让给符合条件的受让方或政府指定的授权机构，并获取相应的股权对价，从而退出项目公司的方式。即股权转让发生变化的是PPP项目公司的内部股权变更，项目资产的产权或管理经营权并不发生变化，仍以项目公司为主体所持有。

六、股权移交方式和社会资本股权转让退出方式比较

1. 对PPP项目合作关系的影响不同

股权移交，是通过股权移交的方式实现了社会资本的退出，标志着项目公司与政府方之间的 PPP 项目合作关系结束。

项目公司股权转让，通过引入符合项目合同中约定的新的受让方，项目公司一般情况下依然会继续经营，项目合同继续履行，项目公司与政府方之间的 PPP 项目合作关系仍然会继续存续。

2. 涉及移交（转让）的时间节点不同

股权移交的时间节点，一般发生在项目约定的合作期届满后。

社会资本股权转让退出的时间节点，一般发生在《PPP 项目合同》约定的锁定期（为了保证公共服务提供的稳定性以及避免不合适的主体被引入项目，也为了防止社会资本的过早退出对项目产生不良影响，政府方通常在项目合同中会有相关条款约定股权变更的限制机制，在合理的期限和限度内社会资本将处于锁定状态并且不得变更股权）之后、合作期届满前。即便股权转让发生在锁定期外，社会资本一般也需要获得实施机构的同意，才可以进行股权转让或退出。

3. 涉及的进场交易程序不同

股权移交强调的程序是"移交"，且"移交"的相关事宜在《PPP 项目合同》中也早作了相关约定，所以免除了进场交易竞价的相关程序。虽然目前实践中有采用此种方式的，尤其合作在提前终止移交阶段采用此种方式，但是缺少相应的法律支撑。成都市人民政府签发的《关于进一步推进政府和社会资本合作（PPP）的实施意见》，虽然认可期满股权移交的方式，但此文件只是地方政策性文件。特别是作为国有企业的社会资本进行股权移交时，更多的是通过 PPP 项目的实施机构、实施方案和项目公司签署的《PPP 项目合同》、招标采购文件，以及相关的政府审批文件等来辅助支持。

社会资本股权转让退出却有着严格的进场交易程序，尤其是作为国有企业的社会资本进行股权转让时。《中华人民共和国企业国有资产法》第五十四条规定："除按照国家规定可以直接协议转让的以外，国有资产转让应当在依法设立的产权交易场所公开进行。转让方应当如实披露有关信息，征集受让方；征集产生的受让方为两个以上的，转让应当采用公开竞价的交易方式。"所以，作为国有企业属性的社会资本想通过股权转让退出的，除了国有金融企业的股权转让及特定情况下的国有非金融企业股权转让无须进场交易外，国有产权的转让在通常情况下是需要公开市场竞价交易的。

4. 最终的效果不同

股权移交是按照项目合同的相关约定，社会资本将项目公司的股权移交给政府或者政府指定的授权机构，一般可以使项目移交达到政府方或者项目合同约定的要求。

社会资本股权转让退出无法达到股权移交的效果，尤其是 PPP 项目的社会资本很多都是国有企业或者有国有属性的企业，其转让退出过程需要进场竞价交易。也正是因此，最终中标的股权受让方，极有可能无法同时满足政府方和作为股权转让方社会资本的要求。

无论采用何种退出方式，均不能任意为之，都需要根据项目特点等情况来确定合适的退出方式。股权移交和社会资本股权转让虽然有很多不同之处，但是在操作移交或者转让过程中，在进行股权评估等事宜上却又有相似之处，二者均不能简单约定社会资本按"零价格"向政府方移交或者转让股权，否则涉嫌与《中华人民共和国企业国有资产法》第五十五条——"国有资产转让应当以依法评估的、经履行出资人职责的机构认可或者由履行出资人职责的机构报经本级人民政府核准的价格为依据，合理确定最低转让价格。"规定的定价程序要求相违背。

第六节　PPP项目退出机制

PPP项目是一种相对复杂的系统性工程，政企合作周期长，项目投资金额大，工程涉及面广，对企业的施工资质、运营能力、财务实力等综合能力要求也比较高，单一民营企业往往无法满足项目的所有要求。所以PPP项目一般是由不同类型的企业组成联合体进行投资、开发和建设，具体做法是由联合体成员共同参与组建项目公司，在项目合作期内的各阶段分别各抒所长，共同实现项目的建设和运营目标。

不同行业、不同风格的企业在选择PPP项目时也有各自不同的投资取向与风险管理方式，导致参与联合体各成员之间具有显著的阶段性特征，例如施工单位的投资目的是参与施工并赚取工程建设利润，而其本身并不擅长专业项目的运营，所以施工单位的需求是在项目运营期尽早回笼资金用于其他项目，有及时退出投资的强烈需求；财务投资人则倾向于以最短的时间实现相对最高的投资增值回报，而并非长期持有项目公司股权，财务投资人也会基于自身投资战略的调整、机会成本考虑等因素产生投资退出的需求。

由于 PPP 项目涉及项目投资、项目建设、政府采购、运营维护、项目监管、风险分担等多个方面因素，并且 PPP 项目一般运营周期都相对较长，而在长达 10 年或者是 30 年的合作期限内，社会宏观经济环境、行业替代性、政策环境、社会大众需求转变等方面均存在较大的不确定性，风险的多样性及不可预见性特征明显。当某些风险的发生导致政企双方的合作难以维持时，社会资本就需要通过投资退出来规避风险、转移风险以及止损；为保证公共利益及项目运营的可持续性运营，地方政府同样希望通过原始权益股东退出的方式来引入新的民营资本和企业。此时，退出机制的重要性就凸显出来了。

一、退出机制

1.移交

移交退出方式包含期满移交和提前终止移交两类。其中，期满移交是指在 PPP 项目合作期满后，项目管理公司把项目的资产以及相关权益按照政企之间签订的合作合同中约定的移交形式、移交内容、移交程序、移交标准和移交补偿方式交于政府或者其指定部门。一般情况下，PPP 项目期满移交大都约定是无偿移交，移交完成后项目公司注销清算。但也有少量项目会涉及有偿移交，需要进行资产评估或股权评估，由接收人或其他相关主体、政府授权机构购买社会资本在项目公司中的全部股权或资产。

期满移交是所有涉及移交的 PPP 项目的社会资本最终退出方式，目前存在较完善的制度基础。财政部发布的《PPP 项目合同指南（试行）》《政府和社会资本合作模式操作指南》（财金〔2014〕113 号）等相关文件都对移交程序、内容等做了框架性规范，移交前无须进行可行性分析及投资机会比较分析，根据项目合同的约定进行移交即可。

由于 PPP 项目合作周期一般都较长，项目可能会因政策变更、经营不善、双方违约、不可抗力等内外部风险致使合同无法履行，因此，社会资本方会主动或被动选择提前移交项目退出。

2. 股权转让

股权转让是目前社会资本通常适用的退出方式。由社会资本将其持有其项目公司的股份转让给政府授权机构或特定主体，受让方可以是政府指定机构、项目公司其他股东或其他经政府许可的第三方。

对于社会资本而言，随着股权转让的完成，民营资本作为股东而享有的项目管理公司的权利和义务也同时全部移转于受让人（有特别约定的除外），转让股权的同时可实现附着于股权上的风险的转移；于受让方而言，其通过股权转让成为项目公司的新股东，代替原社会资本管理、经营整个项目；于政府而言，通过对潜在的受让方的资质、技术、经验、业绩等资格条件进行逐一详细审核，实现间接保证项目的质量和持续稳定运营的目的。

3. 资产证券化

资产证券化，是指项目在运营阶段并且运营良好时，由项目公司、社会资本以及与 PPP 项目相关的债权人、承包方等主体作为发起人（原始股东），以能够给项目带来稳定现金流的项目收益权、股权等作为基础盈利资产及估值标准，发行资产证券化产品。

对于社会资本来说，资产证券化带来的优势相对明显：社会资本可作为资产证券化的发起人，以在项目公司的股权或者以承包工程产生的应收账款为基础资产包发起资产证券化产品，以达到提前收回项目投资的目的；

也可以是项目公司作为原始权益人，以相关收益权作为基础资产发行资产证券化产品募集资金，达到社会资本间接退出的目的。

资产证券化是破解 PPP 项目投融资难题的一种有效路径，也得到了国家的高度重视，多部委颁布利好政策稳步推动 PPP 项目向资产证券化发展。《国家发展改革委　中国证监会关于推进传统基础设施领域政府和社会资本合作（PPP）项目资产证券化相关工作的通知》（发改投资〔2016〕2698 号）、《关于规范开展政府和社会资本合作项目资产证券化有关事宜的通知》（财金〔2017〕55 号）等文件均对项目筛选、资产证券化主体、工作程序、监督管理等相关事宜进行了较详尽的规定。但对于新建项目和改扩建项目，资产证券化却并不适用。资产证券化对于项目本身要求相对较多：首先，项目要求已建成并正常运营 2 年以上；其次，项目已建立合理的投资回报机制，并已产生持续、稳定的现金流；最后，项目不得改变控股股东对项目公司的实际控制权和项目运营责任，实现变相"退出"，影响公共服务供给的持续性和稳定性。

PPP 项目应是合理盈利而并非暴利的，受到社会各界关注和监督程度较高，尤其是其资产证券化产品定价管控严格、调价程序烦琐复杂，在市场资金利率较高的情况下，项目基础资产收益与股票价格极易出现"倒挂"的情况，给项目资产证券化增加了风险和难度。

4.项目公司上市

将项目公司资产整体打包进行上市，通过上市公开发行股票的方式给予项目公司一个市场定价，通过发行新股的方式为 PPP 项目融资，项目原始股东也可借助二级市场的股票交易实现投资的退出。新的社会资本则可以通过购买股权的方式获得项目公司的股东权及其经营管理权，以达到参与 PPP 项目投资的目的。政府方也可以通过在二级市场转让其持有的项目公司股权回收资金用于其他项目的投资，扩大建设规模，达到最大限度地利用财政资金撬动社会资金投资于本地的基础设施建设的目的。

项目公司上市对项目公司及项目的要求都非常高，除了项目正常经营外，对项目公司近年的净利润、营业收入、现金流、期末净资产、股本总额、公司的性质等情况都有最低限度的要求。《首次公开发行股票并上市管理办法》第二十六条规定："项目公司如果在主板上市（包括中小板），最近一期末无形资产（扣除土地使用权、水面养殖权和采矿权等后）占净资产的比例不高于 20%。"而 PPP 项目常见的处理方式是约定项目公司只拥有相关资产的经营权而没有项目本身的所有权，根据《企业会计准则》及其解释，在审计、会计处理上，把项目资产看作是项目公司无形资产，在项目的运营期内进行摊销，致使项目公司满足无形资产占比的要求难度都相对较大。

不仅如此，若项目公司成功上市，控股股东通过二级市场实现股权转让、退出等均是二级市场的公开交易方式，政府方无法对受让方的资格进行一一审核，这样可能导致受让方主体资格不符合项目的要求，给项目的持续稳定运营带来较大不确定性，从而增加项目风险。

项目公司上市要求严格、门槛高、可操作性不强，可供借鉴的经验也相对欠缺，难度较大。

5. 项目公司减资

在符合相关法律规定并且同样符合项目合同约定的前提下，在项目公司资本过剩或者严重亏损时，可以通过减少项目公司的注册资本、项目公司对社会资本的股权回购，或者向社会资本直接返还出资的方式实现社会资本的直接退出。以此种方式退出时社会资本能实现权益和风险的完全转移，实现全部或者部分的投资退出。

但为贯彻落实资本确定的原则，确保项目相关权益变更的安全性并保护多方债权人及相关方利益，减资动作受到严格控制。首先，项目公司减资需要达到资本过剩的条件，而 PPP 项目由于项目属性的原因大都是坚持"盈利而不暴利"的收益基本原则，项目公司在一般情况下很难满足资本过剩的要求；其次，减资属于必须经代表三分之二以上表决权的股东通过的事项，且相关债务人有权要求项目管理公司清偿债务或者提供相应的担保。①基于债务人给项目管理公司提供融资时尤其看重其社会资本股东的资质资信能力，如果社会资本通过减资的方式退出，债权人出于对自身风险和利益的考虑，大都会要求项目管理公司清偿债务或者提供相应的资产担保。另外，种种情况的发生也会进一步增加项目公司原始股东通过减资方式退出项目的难度。

二、退出机制的选择

民营资本的退出机制选择受项目经营状况、社会宏观经济、资本市场发达程度、投资偏好和法律法规等诸多内外部因素的影响。为保障退出的

---

①《中华人民共和国公司法》第四十三条。

畅通性、规范多样性，在设计及选择时应尤其注意。

1. 以项目合同事先约定股权退出机制

股权变更限制作为政府方保障项目持续稳定的主要手段，是目前最普遍的方式，但目前不少地方政府对股权变更的限制采用"一刀切"的方式，即设置单一的股权锁定期——对所有类型的社会资本都采取了禁止其在锁定期内转让项目公司股权的约定。更有部分项目约定更为严格，要求社会资本在整个项目的合作期内均不得转让股权。

首先政府方设置股权锁定期的目的大都是出于对项目运营期间稳定性的考虑，同时也是出于担心受让方的融资能力、运营管理等软件及硬件指标不如原始资本，影响项目的运行。但不同的社会资本由于投资战略和风险承受能力不同，对项目的责任不同，应对其设定的股权锁定期长短也应有所区别，股权锁定需根据项目自身特点和项目参与者的特点进行综合考虑。

其次，股权退出机制的设定还应注重增加变更限制的多样性，给予不同社会资本不同锁定期限的同时，也可通过对每次退出的比例、退出间隔时间、股权部分保留等进行合理化的限制，并结合对受让主体的资质进行审核，保障股权变更限制效果的同时提高项目的流动性。

2. 多种退出机制相互配套、相互衔接

不同退出机制存在退出程度、退出限制、退出时机不同等特点，可以将不同退出方式配合使用，在保障项目运营质量的前提下，尽可能地提高退出的效率、降低交易成本。如民营资本在股权锁定期内可通过项目管理公司发行资产证券化产品并通过二级市场提前收回资金，实现间接的资本退出；通过制度化安排，证券化产品到期后，仍可通过股权转让退出。不同的退出方式有不同的优势和劣势，通过不同退出方式的组合运用进行优势互补，达到退出多样化的效果。

证监会公布的《关于政协十二届全国委员会第五次会议第 2915 号提案的答复》中指出，"将积极支持符合条件的 PPP 企业发行上市、符合条件的股份制 PPP 项目公司在新三板通过挂牌和公开转让股份等方式进行股权融资"。其文件意味着可探索采用场内交易与场外交易相结合的方式，实现资源的优化配置的同时提高交易成功的概率，并结合大宗交易及协议转让，保障政府方对受让方的审核权，控制项目的质量。

3.统筹考虑内外部制约因素，合理选择退出方式

民营资本需要结合自身实力和风险偏好程度，并结合市场经济环境的预期、政策的趋势等因素，因地制宜地采取不同的退出方式。采取 BOT 和其相关变形模式——BOOT、TOT、ROT 等方式展开的项目，都需以移交方式退出；对于现金流相对稳定、收益情况良好的 PPP 项目，可尝试选择资产证券化的方式退出；对于项目公司经营情况良好且项目现金流优良的项目，可探索采用项目公司上市的方式进行社会资本的退出；财务投资人及建设企业等偏向短期投资的民营资本及企业需要优先选择股权转让等流程简单且交易期限较短的方式退出，以增加其积极性和投资者的信心；而运营类企业则可采用资产证券化或项目管理公司上市等相对长期持有的方式实现退出。

但任何一种退出机制的选择都须以公平互利及有益于地方发展、有利于公共服务的持续稳定提供为原则。

4.完善顶层设计和法律支撑，健全PPP资产交易市场

国务院、财政部、发改委等多部委多次颁布规范性文件，明确强调"依托各类产权、股权交易市场，为社会资本提供多元化、规范化、市场化的退出渠道"。但多数目前仍处于框架性、原则性约束的阶段，可操作性不强，且层级较低、规范性较弱。需要国家层面把PPP退出机制纳入PPP相关立法规范，或针对PPP项目退出或交易制定操作指南或操作细则，以提高PPP项目退出的规范层级及可操作性。

PPP专属资产交易市场，能把大量信息集聚与辐射，充分挖掘转让方和受让方资源，降低交易信息的不对称性，降低转受双方寻找交易机会的成本，提高交易的成功率，这些都是PPP项目交易机制的重大创新。

第七章　BOT项目操作落地

第一节　BOT项目的建设流程

一、项目确定

BOT类型的政企合作项目和传统的公营项目之间在运营层面存在明显差别，这种差别在项目方案的确定阶段就开始了。

对于一个特定项目，政府需委托专业咨询公司进行可行性研究，确定项目技术参数并进行实施方案比较。至于是否采用BOT方式，主要取决于项目的经济利益，尤其是产品和服务价格。在确定采用BOT方式后，政府需要成立项目委员会或全权委托一家机构代表政府运作项目。而政府代表的首要任务是项目准备：第一是按基本建设程序制订建设计划，第二是选择项目发起人。如果采取招标方式选择，则应委托咨询公司编制招标文件。

在中国，根据国家有关规定，还应按基建程序办理立项并须符合规划要求，所以前期工作要有一定深度。

二、项目招标与审定

项目招标与审定，是指项目立项并经政府评审同意后，政府主管部门对拟参与此项目的私人企业投标者进行综合对比，从中选择最适合该项目的投标者承担该项目的过程。这一过程主要分为四个步骤：

第一步是投标意向登记。政府部门对拟采用 BOT 方式建设的项目，通过新闻媒体等将项目的概要、政府对建设此项目所要达到的社会和经济及对公众服务的目标、建设资金和建设计划的安排设想、对意向登记者自身素质的要求、政府对意向登记者所提方案的评估程序及评估基本标准等向社会公开发布，邀请有兴趣的私人投资、建设或经营企业对此项目的建设提出初步设想。由于实行意向登记的目的主要是考察和确定正式参加投标的候选私营机构，因此在此阶段的花费不是很大，时间也不宜过长，此时各私营机构所提方案也相对较粗。审定提案的时间一般不超过一个月，如果需要组成联合集团以满足大型方案的要求，审定提案的时间可以适当延长。

第二步是投资资格预审。政府部门根据意向登记企业的资信、所提交的初步方案进行资格审核和评价，以确定邀请参加正式投标的候选企业名单。列入候选名单的被邀请企业一般情况下不少于 3 个，不多于 6 个。此时所做初步方案的费用均由各私人企业自己承担。资格预审很重要，尤其是周期长而复杂的项目对投标者的资格要求也相对比较高。首先，只有那些具有一定财务能力和技术能力的公司才能参加投标。其次，投标准备工作常常需要花费大量的时间和精力。如果备选者认为他们只是一大群投标者中的一员且中标的机会很小，他们便不愿意花费太多的时间和精力。相反，如果他们是少数的投标者，而且在财力和技术上都是健全和可信的，那么尽管投标者数量不多，也同样能保证投标过程中的激烈竞争。

第三步是邀请投标。资格预审完成后，政府部门或公共机构会邀请通过资格预审的投标企业进行投标，并要求他们按照标书文件中规定的技术参数，经技术洽商并提出详细的技术建议。在投标者的技术建议中，必须就有关内容在所提建议中作出详细的阐述，包括项目的类型和所提供的产品及服务的性能和水平、项目竣工日期、项目产品的价格或服务费用、履约标准、资产回报和所建议的融资结构、价格调整公式、外汇安排、维保计划、风险分析、不可抗力事件，等等。

BOT 项目的标书准备时间一般相对较长，大都在 6 个月以上。在此期间受政府委托的机构要随时回答投标企业对项目提出的相关问题，并考虑投标企业提出的合理化建议。投标企业必须在规定的日期前向招标单位呈交投标书。而以 BOT 方式建设的项目有时不采用招标方式，直接采用与有关承担项目意向的私营机构协商的方式。但协商方式成功率大都不高，即便协商成功，往往也会由于缺少竞争而使政府答应条件过多，最终导致项目成本增高。但是协商方式的主要优点就是速度较快，适合那些时间紧迫的项目。

第四步是评标与决标。投标工作结束后，为了在许多竞争者中选择最佳承包商，政府按照标书规定的评标标准进行评标，让项目的这些目标达到最优。尤其是要求对主要目标（例如，公共开支最低，最终消费者支付的价格最低，提供公共产品或服务的性价比最高，或者对整个经济而言项目的资金费用达到最低等）有一个明确的定义，以选择和确定最后的中标单位。项目目标的规定标准一般会受下列因素影响：

第一，折现率的选择。如果以资金费用为目标，则可以用资金的社会机会成本对未来的费用效益进行折现计算。

第二，税金处理。在以消费者支付的价格为目标时，税金被认为是一项费用。但以公共开支为目标时，税金则可不必计入。

第三，免去公营机构所承担的风险的意义。将风险转移给私营机构，从整个经济来看，并不影响其项目的资金费用。但在把公共开支控制到最低作为评标目标时，项目采用 BOT 方式将比由公营机构承担具有优越性。

评标方法的选择将明显影响到最终的决标。因此，明确的评标方法应在投标前对参与投标的企业进行明示，从而使投标企业充分考虑评标方法，提出项目建议书。

三、合同谈判

决标后应邀请中标单位与政府机构进行有关该项目的特许权范围、承包商的权利和义务等合同内容进行谈判。

在一系列合同谈判中，特许权协议或合同是 BOT 项目的核心。它具有法律效力并在整个特许期内有效，能够规定政府和 BOT 项目公司的权利和义务，并决定双方的风险和回报。也正是因此，特许权协议或合同谈判是 BOT 项目较为关键的一环。在谈判时，政府必须指派经过严格培训、经验丰富并且充分了解 BOT 项目复杂性的人员与中标企业进行谈判。政府的谈判人员必须有足够的地位以及决策权代表政府或政府机构对特许权协议的有关条款及时作出承诺。

BOT 项目的合同谈判时间较长，且程序非常复杂。项目牵涉一系列的相关合同，使私营机构能为项目筹集资金，并使政府能把项目交给最合适的投标者。在确定的协议签订之前，政府和中标企业都必须花费大量的时间和精力起草合同和进行谈判。如果政府与第一中标者不能达成协议，则可以转向与第二中标者谈判，以此类推。当双方谈判达成一致时，则可签订特许权协议或合同。

四、成立项目公司

特许权协议或合同签订并获得政府批准后，政府将向中标企业发出正式的《中标通知书》，并向中标人授予项目。中标企业在中标后应在规定的时间内提交履约保证金。特许权协议生效后，将由中标企业来组建项目公司。

该项目公司即 BOT 项目公司或特许权公司。成立项目公司的主要目的是有一个独立的责任主体来具体承担该项目的开发、建设与经营。中标企业或称发起单位，通常是由多个私营机构组成的一个松散的联营集团，其不是一个独立的法人实体，不能独立承担相应的民事法律责任。因此，由项目发起人共同出资成立一个专门从事该项目开发建设相关的 BOT 项目公司就十分必要，也是必经的程序。BOT 项目公司成立后，该项目的融资、开发建设和经营管理由该项目公司全权负责。

五、项目筹资

BOT 项目筹资是项目实施的关键环节，项目筹资由 BOT 项目公司具体负责。大多数 BOT 项目公司在筹资上采用将项目发起人提供的股本与国际金融机构、商业银行和双边政府放款人等提供的贷款结合在一起的办法。在大多数情况下，股本投入的百分比在 10%-30% 之间，剩余部分以无追索权或有限追索权的方式进行筹措。

项目公司取得金融机构的贷款，必须给予贷款人一定形式的担保。除了政府给予特许权和其他支持外，贷款人还会要求公司股本所有者保证将其全部股票作为贷款的担保，并暂时取消股票的赎回权，一旦项目面临"风险"，贷款人可获得其相应的股权，最终成为项目公司的所有人。

六、项目建设

在项目建设阶段，项目公司根据特许权协议或合同规定的质量、技术和时间等要求，组织项目的设计、建设施工和采购等相关工作。首先，项目公司组织有关设计单位对项目进行详细设计；其次，委托建筑公司对项目建设总体承包；最后，由建筑公司对项目进行施工并交付项目公司等几个步骤。

BOT 项目的建设一般采用固定价格总承包方式，如果工期提前可获得奖金，而延误则要罚款。由于 BOT 项目较传统项目而言要复杂得多，为使项目正确合理地执行，项目公司常雇佣独立的监理机构对项目的设计、施工、费用控制和管理等进行监管。

BOT 项目一般从方案的选择起直至开始生产，由主承包商负责到底，目的在于确保建造的费用支出和完成工期的时间（但合同在某些特殊情况下允许对建设开支与工期进行变化和调整）。工程建成、设备安装完毕，经过调试，在产量、产品质量和原材料消耗方面完全符合合同规定的标准的条件下，方可移交项目。

主承包商通常把主要精力放在项目整体的成套生产设备的设计、制造、供货、安装、调试方面，而将土建工程单独交给建筑分包商去承担。

例如，大型电站工程的主承包商着重抓汽轮发电机、变电设备、发电锅炉的供货和安装，而将电站厂房、冷却塔和其他辅助设施的土建工程向外分包给建筑单位。因为一般主承包商具有组织同类大型生产企业建设经验，而不是以土建工程施工为主要业务的，所以他们将土建工程分包给更有经验的土木建筑工程公司。

主承包商为免去直接指挥工人的复杂工作，一般在分包时都会采取包工不包料的方式，将施工分包给能提供全部劳务人员并能管理劳务的公司。劳务分包在义务、责任、权利方面都比较复杂，因此应对劳务分包的具体内容作出十分明确、详细的划分。

分包商一般在投标前选定，由主承包商邀请分包商报价，通过议价标的方式而不是公开招标来确定。选择分包商的主要条件是具有对应工程的施工经验、足够实力（包括设备、财力在内的与项目有关的资源）、足够强大的技术力量和足够数量的熟练工人、报价合理且相对低廉。

七、项目经营

项目经营是项目投资者回收成本、归还贷款、分得红利和上缴税收的重要阶段。在项目经营期内，项目公司全权负责整体项目的生产、经营和管理，其经营管理得越好，经营成本费用就越低，利润率就越高，越能早日偿还贷款，尽早获得利益。因此，项目公司会采用最优的方法对项目运营实施管理。对项目的具体运营工作，既可以是项目公司本身负责，也可以是项目公司的股东负责，但在项目公司及其股东均没有相关项目的运营经验或者能力的情况下，运营工作也可通过签订《运营维护合同》分包给独立的运营维护商。运营维护商必须具有丰富的经验和成功管理项目的业绩，有综合且较强的商业和合同管理能力，且有较强的专业技术力量。一般情况下，运营维护商在项目早期就应参加到项目的相关工作中，在设计过程中从运营的角度提出专业的建议，来保证在现有造价条件下使项目实现最有效的运行。

运营维护商在运营维护项目时，一般都需要指派若干名技术和管理人员进入项目，并且在当地招聘并培训技术和管理人员。在项目运营期内，运行维护工作要逐步由运营商过渡到由当地人员来完成。运营维护商也可将部分相对独立的工作分包给当地有能力完成运营工作的公司，以达到降低运营维护成本的目的。

根据特许权协议，为保证 BOT 项目的足够垄断性，在某些情况下，政府也将与新建项目有竞争的现有项目交由 BOT 项目公司一并运营。在这种情况下，运行维护商除运行新建项目外，还要负责运营现有项目。

值得一提的是，项目的维护保养对当地政府来说具有非常特殊的意义。BOT 项目的最终所有权终将要移交给当地政府，若平时维修不善，那么最后移交的很可能是一个过度经营或即将废弃的项目，因此项目公司在与运营维护商签订《运营维护合同》以及在合同执行过程中，当地政府都要参与并积极监督执行。

八、项目移交

特许期满后，项目公司必须按特许权协议中规定的项目质量标准和资产完好程度等，将项目的资产（包括软件及硬件资产）、经营期预留的维护基金和经营管理权全部移交给政府。这是采用 BOT 投资方式与其他投资方式相区别的一个关键所在。采用 BOT 方式，可以合资经营、合作经营甚至是独资经营，但在经营期满以后，却会遇到投资方如何将财产移交给政府的问题。

项目移交的日期也可以不是固定的日期，如果项目公司超过了预期并提前实现其全部的投资回收和股本收益，移交的日期就可提前；如果由于非股本投资者和非项目公司所能控制的因素，其预期的收益到期没有达到，特许期也可以推后。移交在一般情况下是无偿的，但也可以是有偿的。这些灵活的办法必须在原特许权协议中有所规定，或在项目经营期间通过谈判获得双方的认可方可执行。当然，移交也可能发生在一些非正常情况下，如违约或不可抗力等。项目移交政府后，作为项目公司还可继续经营，但这时的经营只是作为受政府委托的代为经营，项目公司本身已不再享有原特许权协议中授予的各项权利。政府是否继续委托原项目公司继续经营，由政府决定。

第二节　各项工作办理具体要求

一、成立项目公司

（一）项目公司名称核准。

（二）注册地址，注资及验资。

（三）工商、税务登记。

二、项目核准申请（发改局）

（一）项目核准申请（需由项目所在镇、街或项目行业主管部门加盖意见）。

（二）企业申请报告原件（核对原件）。

（三）企业营业执照复印件。

（四）项目建设立项申报表原件。

（五）环境影响评价审批意见原件。

（六）项目用地预审函或国有土地使用证复印件（核对原件）。

（七）规划选址意见或规划用地许可证复印件（核对原件）。

（八）组织机构代码证复印件（核对原件）。

（九）项目节能专篇。

（十）项目资本金来源证明原件（不低于项目投资的30%）。

提交以上资料并经发改局审核通过后，发改局会出具项目核准的批复，作为后面其他报建程序的一项重要依据。

三、初步设计及评审（建设局）

初步设计完成后，应填写初步设计评审申请表，向建设行政主管部门申请初步设计评审工作，在取得初步设计评审专家和职能部门的意见并经修改完善后方可进行施工图设计及其他工作。

四、规划局审查方案（规划局）

（一）立案申请表。

（二）规划设计条件（含历次调整规划设计条件）的批准文件。

（三）有效的建设用地规划许可证或建设用地批准文件及附图附件。

（四）规划设计条件或原规划批复文件中要求取得的专业管理部门意见。

（五）绘制在当地坐标系统现状地形图上的总平面图。

（六）总平面方案图（规划设计单位出）、规划说明书。

（七）电子盘文件。

五、修详规报建（规划局）

（一）立案申请表（即使由项目公司作为建设单位，也必须由项目用地规划许可证取得的单位——项目所在地政府行政主管部门作为申请单位）。

（二）立案基本资料

1. 申请函（说明地块的基本情况，建设项目性质、规模、用途、平面布置及工艺要求等）。

2. 申请者企业法人营业执照、组织机构代码证复印件。

3. 授权委托书。

4. 代理人身份证明文件（复印件）。

（三）建设用地规划许可证及附图附件（复印件）。

（四）实测现状地形图（坐标系统和高程系统按规划局要求，附电子文件）。

（五）建设单位取得的当地土地管理部门的用地证明。

（六）绘制在现状地形图上的总平面规划图蓝图（2份）。

（七）规划"修详通①"电子文档。

（八）《修建性详细规划电子报批初步审查检测报告》（将修详通电子

---

① "修详通"软件，适用于修建性规划管理，总平面规划方案的申报或调整、修建性详细规划方案的审批或调整、规划咨询服务等业务环节。可快捷定义用地面积、建筑面积及内部分项的设计区域，快速计算各项规划指标。

文档及总图蓝图送规划局测量队检测后即可。注意：总图中不能出现"综合楼"，建筑面积要求按建筑物面积计算）。

（九）《××市城乡规划管理现场踏勘表》（在规划局网站下载，需到镇、街规划管理部门盖章）。

资料齐全 15 个工作日完成。

六、施工图设计及审查备案

施工图设计完成后，应向建设行政主管部门申请施工图审查，将施工图交由具有审图资质的单位审查，取得施工图审查合格证。

（一）施工图审查时需提供的资料（审图中心）

1. 立项批文（复印件 1 份）。

2. 规划设计要点（规划批准图）（复印件 1 份）。

3. 建设用地规划许可证及附图的复印件 1 份。

4. 环保审查意见书（复印件 1 份）。

5. 审查合同及登记表（复印件 1 份）。

6. 设计合同及登记表（复印件 1 份）。

7. 施工图设计文件审查登记表。

8. 地质勘察报告（原件 1 份）。

9. 完整施工图纸 2 套（如需加盖审图章，可酌情多送图纸套数）。

10. 居住建筑/公共建筑图纸 1 份（应提供建筑节能计算书电子版 1 份）。

（1）提供《××市居住/公共建筑节能设计、审查表原件》（1 式 8 份）。

（2）《××市居住/公共建筑节能设计审查备案表》（修订版）（1式8份）。

（3）《建筑节能计算报告书》（1式2份）。

资料齐全15个工作日完成。

（二）建设工程勘察（设计）合同登记（建设局）

1.《××市建设工程勘察（设计）合同登记表》（原件3份）。

2.助察（设计）单位的《企业法人营业执照》（复印件1份，加盖公章，核对原件）。

3.勘察（设计）单位的工程勘察设计资格证书副本（复印件1份，加盖公章，核对原件）。

4.《建设工程勘察设计合同》（须由助察设计单位法定代表人签署，否则须提交法人委托授权书）（原件3份）。

5.钻孔平面布置图（办理勘察合同登记时提交，须技术负责人签名）（原件1份）。

6.参与该项目的项目负责人和技术人员名单（须项目负责人和技术人员签名，设计项目负责人加盖注册章）（原件1份）。

7.××市设计合同登记明细表。

8.进入××市的××地区以外的勘察（设计）单位（包括省属、部属和军队所属单位）需提交有效的《××地区勘察设计企业注册登记证》或《××地区单项工程勘察设计登记证》（复印件1份，加盖公章，核对原件）。

资料齐全3个工作日完成。

（三）审查备案

1.施工图设计文件审查合格证书（原件 1 份）。

2.施工图设计文件审查意见书（原件 1 份）。

3.施工图审查合同（原件 1 份）。

4.建筑节能设计审查备案表（原件 1 份）。

资料齐全 3 个工作日完成。

七、工程招投标

项目的建筑工程、安装工程、设备及重要材料的采购、监理等均按发改局核准的要求采取相应的招标方式，可以委托某个招标代理有限公司组织项目的招投标程序。招投标工作完毕并确定中标单位后应向 ×× 市建设工程交易中心递交相关资料，由其公示和发出中标通知书，需要递交的相关资料有：

（一）申请报告（以建设单位的名义写）。

（二）招标申请表。

（三）建设单位资质、营业执照（原件核对）。

（四）建设单位验资报告（原件核对）。

（五）有关立项批复文件（原件核对）。

（六）国有土地使用证（原件核对）。

（七）建设用地规划许可证（原件核对）。

（八）建设工程规划许可证（原件核对）。

（九）工程图纸审查备案书（原件）。

（十）银行资信证明（存款不少于项目的30%）（原件核对）。

（十一）工程代理合同（原件核对）。

（十二）代理公司备案资料（代理公司资质证书、法人证明、招标负责人职称证明复印件）。

（十三）工程建立合同备案表、监理合同。

（十四）投标单位确认表及资质材料（邀请函）（三个单位资质复印件、营业执照、安全生产许可证、建造师执业资格证、二级建造师证和安全员 B 证）。

（十五）招标文件。

（十六）工程预算书（须编制、复核、批准人共同签名；法人单位盖单位公章、法定代表人或者授权人签章；受委托的工程造价咨询企业应当盖企业执业印章、法定代表人或者授权人签章；造价师章）。

（十七）投标文件（中标单位的 1 份）。

（十八）中标通知书。

八、消防报建（公安局防火监督消防大队）

（一）封面：项目名称、设计单位、日期。

（二）扉页：设计单位法定代表人、技术总负责人、项目总负责人和各专业负责人姓名，并经上述人员签署或授权盖章。

（三）设计文件目录。

（四）设计说明书。

（五）设计图纸。

（六）建设工程消防设计备案表。

九、防雷报建（国土规划部门或市防雷局）

（一）防雷装置设计审核申报表。

（二）防雷设计图纸。

（三）规划总图。

（四）防雷工程单位资质复印件，防雷工程资格证书复印件（均需核对原件）。

十、单体规划报建（规划局）

（一）立案申请表（即使由项目公司作为建设单位，也必须由项目用地规划许可证取得的单位——项目所在地政府行政主管部门作为申请单位）。

（二）立案基本资料

1.申请函（说明地块的基本概况，建设项目性质、规模、用途、平面布置及工艺要求）。

2.申请者企业法人营业执照、组织机构代码证（复印件）。

3.授权委托书。

4.代理人身份证明文件（复印件）。

（三）建设用地规划许可证及附图附件（复印件）。

（四）国有土地使用证（复印件）。

（五）经当地规划局批准的修建性详细规划及附图（复印件）。

（六）建筑施工设计图（2份）。

（七）《建设工程放线测量记录册》（2份）（由规划局测量队提供）。

办理此项业务需向测量队提供如下资料：

1. 建设用地规划许可证（复印件 1 份）。

2. 审批过的规划总平面图（复印件 1 份）。

3. 报建建筑蓝图 1 式 1 份（原件）、电子图 1 式 1 份（报建通[①]规整过）。

4. 建设工程规划管理测量记录（1 式 2 份由测量队提供，要有建设单位、设计单位盖章）

资料齐全 15 个工作日完成，取得建设工程规划许可证。

十一、人防报建（建设局）

办公楼、门卫室需办理人防报建，缴纳易地建设费。

需提供的资料有：

（一）人防报建申请表（1 式 3 份）。

（二）项目计划备案文件（复印件 1 份，加盖公章）。

（三）建设用地规划许可证及附图（复印件 1 份，加盖公章）。

（四）建设工程规划许可证及附件（建设工程审核意见书及建筑功能制表明细表）（复印件 1 份，加盖公章）。

（五）规划部门审批的建筑工程报建图纸（包括建筑平面，立、剖面及总平面图、蓝图各 1 份）。

资料齐全 3 个工作日完成。

十二、散装水泥与新型墙体材料报建（建设局）

建筑物需预缴纳散装水泥及新型墙体材料专项资金，需填写《建设项

---

① "报建通"，经电子报批软件（报建通）标准化处理的报批图件可用于报送建筑工程规划许可的申报或调整、规划咨询服务等业务，用于建筑单体报建等项目。

目缴纳散装水泥及新型墙体专项资（基）金申报表》（1 式 2 份）及修规总图复印件 1 份。

办理完毕建设局该业务科室会出具建设工程使用散装水泥意见书、建设工程使用新型墙体材料意见书。

十三、声排许可证（环保局）

主要指建筑施工噪声需办理排放许可证，按修规总图中建筑面积计算，直接填表缴费即可。

十四、监督登记（建设局）

（一）已盖章的建设工程质量（安全）监督登记表（1 式 5 份）。

（二）建设工程规划许可证。

（三）基坑先行开挖批准文件（基坑先行开挖工程提供）。

（四）建设工程施工中标通知书。

（五）建设工程监理中标通知书（符合监理招标条件工程）。

（六）总承包（专业承包）单位项目经理资质证书复印件（正式受理报监需提供原件存管）。

（七）工程地质勘察资料。

（八）施工图设计文件审查报告（原件）。

（九）施工图设计文件审查批准书（原件）。

（十）经设计审查合格的施工图一套。

（十一）公共建筑节能设计审查备案表。

（十二）基坑设计审查文件（基坑工程必须提供）。

（十三）施工组织设计（或分期专项施工方案）。

（十四）监理规划（监理实施细则）或旁站监理方案。

（十五）人防审核意见书（人防工程设计专项审查意见书及经审查的施工图一套），或防空地下室易地建设意见书（地下室工程提供）。

（十六）按建设行政主管部门要求及工程特点需提供的其他资料。

十五、施工许可证（建设局）

资料由建设单位和施工单位共同提供，其中由建设单位提供的资料有：

（一）建筑工程施工许可申请表（原件1式2份）。

（二）国有土地使用证（复印件，需与原件核对）。

（三）建设工程规划许可证（复印件，需与原件核对）。

（四）人防办理情况意见书（复印件，需与原件核对）。

（五）施工图审查备案的证明文件（复印件，需与原件核对）。

（六）监理工程备案表（监理工程提供）（复印件，需与原件核对）。

（七）施工中标通知书（必须招标的工程提供）（复印件，需与原件核对，需注明安全措施费用）。

（八）建设工程使用散装水泥意见书（复印件，需与原件核对）。

（九）建设工程使用新型墙体材料意见书（复印件，需与原件核对）。

（十）建筑工程施工噪音排放许可证（复印件，需与原件核对）。

（十一）建设工程质量（安全）监督登记表（复印件，需与原件核对）。

（十二）建设单位开户银行的存款证明或对建设单位支付和履约的担保；政府投资项目仅需提供财政拨款证明文件（复印件，需与原件核对）。

由施工单位提供的资料有：

（一）施工单位资质证书、××地区资质备案证、安全生产许可证、法定代表人证明书、法人授权委托证明书（证书提供复印件，需与原件核对，法定代表人证明书、法人授权委托证明书提供原件）。

（二）项目经理、施工员、安全员证书及身份证复印件；人员委任通知书；三类人员安全生产考核合格证；工地安全、防火责任人委托书、电工证、材料取样员证（证书提供复印件，需与原件核对，其他提供复印件；身份证只需提供复印件，不必核对原件；项目经营还需提供安全考核合格证 B 证，安全员还需提供安全考核合格证 C 证）。

（三）安全文明施工现场查勘表（需提供原件）。

（四）承发包合同（复印件，需与原件核对，列明安全措施费用及支付条款，有分包工程的还需提供分包单位与总承包单位签订的承发包合同）。

（五）保证工程质量和安全的措施（原件。1.施工组织设计；2.施工专项安全资料，必须包含安全生产责任制、应急救援预案、专项安全施工方案及工程质量措施）。

（六）劳动保险统筹金、合同印花税缴纳凭证（需提供原件）。

第三节　报建费用组成

一、初步设计评审费

主要指评审专家、各职能部门及组织单位的相关服务费用。

二、施工图审查费

需与审图单位签订施工图审查合同，原则上审图费用的计算依据采用（设计费＋勘察费）×10%，具体费用可以和审图单位洽谈。

三、防雷设施施工图审查及检测费

（一）防雷设施检测费：80元/点。

（二）防雷设施设计施工图技术审查费：0.1元/㎡。

四、噪声排放许可证

按建筑面积计算：1元/㎡。

五、人防易地建设费

按建筑面积计算：30元/㎡。

六、散装水泥与新型墙体材料专项资金

1.散装水泥专项基金＝4×水泥用量（水泥用量＝建筑面积×0.2）。

2.新型墙体材料专项基金＝10×建筑面积。

七、规划局测量队建筑放线及放线面积核算

（一）建筑放线费：2594元/宗。

（二）放线面积核算费：450元/份。

八、单体报建费用（村镇基础设施建设费）

37.5元/㎡（各地标准有异）。

九、招标代理服务费

十、办理中标通知书费用

（一）建设单位：场地费＝工程费用×0.5‰。

（二）施工单位：交易服务费＝工程费用×0.9‰。

十一、建设劳保金

工程总投资的 2%。

第四节　验收工作

一、工程竣工验收的流程

（一）申请报告。

当工程具备验收条件时，承包人即可向监理人报送竣工申请报告。

（二）验收。

监理人收到承包人按要求提交的竣工验收申请报告后，应审查申请报告的各项内容，并按不同情况进行处理。

（三）单位工程验收。

发包人根据合同进度计划安排，在全部工程竣工前需要使用已经竣工的单位工程时，或承包人提出经发包人同意时，可进行单位工程验收。验收合格后，由监理人向承包人出具经发包人签认的单位工程验收证书。

（四）施工期运行。

指合同工程尚未全部竣工，其中某项或几项单位工程或工程设备安装已竣工，根据专用合同条款约定，需要投入施工期运行的，经发包人约定验收合格，证明能确保安全后，才能在施工期投入运行。

（五）试运行。

（六）竣工清场。

除合同另有约定外，工程验收证书颁发后，承包人应按要求对施工现场进行整理。直至监理人检验合格为止，竣工清场费用由承包人承担。

二、工程竣工验收内容

（一）规划部门认可文件。通常要求提供工程规划许可证（复印件），但须提供原件验证，复印件加盖建设单位公章并注明原件存何处。

（二）工程项目施工许可证。要求提供复印件，需提交原件验证，复印件加盖建设单位公章并注明原件存何处。

（三）公安消防部门认可文件。设计有消防要求的提供原件，即建设工程消防验收意见书。

（四）环保部门认可文件。设计有环保要求的提供原件，即环保局出具的《××市建设项目环境影响报告表》。

（五）施工图设计文件审查报告，根据有关规定提供原件。

（六）建设工程档案专项验收意见书，即由城建档案馆提供的建设工程档案资料接收联系单原件。

（七）检查环保、水保、劳动、安全、卫生、消防、防灾安全监控系统、安全防护、应急疏散通道、办公生产生活房屋等设施是否按批准的设计文件建成、合格，精测网复测是否完成、复测成果和相关资料是否移交设备管理单位，工机具、常备材料是否按设计配备到位，地质灾害整治及建筑抗震设防是否符合规定。

（八）检查工程是否按批准的设计文件建成，配套、辅助工程是否与主体工程同步建成。

三、工程竣工验收要具备的条件

（一）有施工单位签署的工程质量保修书。施工单位同建设单位签署的工程质量保修书也是交付竣工验收的条件之一。

（二）有完整的技术档案和施工管理资料。工程技术档案和施工管理资料是工程竣工验收和质量保证的重要依据之一。

（三）有材料、设备、构配件的质量合格证明资料和试验、检验报告，对建设工程使用的主要建筑材料、建筑构配件和设备的进场。

（四）有勘察、设计、施工、工程监理等单位分别签署的质量合格文件。勘察、设计、施工、工程监理等有关单位依据工程设计文件及承包合同所要求的质量标准，对竣工工程进行检查和评定，符合规定的，签署合格文件。

四、法规、规章规定必须提供的其他文件

（一）规划部门认可文件。通常要求提供工程规划许可证（复印件），但需提供原件验证，复印件加盖建设单位公章并注明原件存何处。

（二）工程项目施工许可证。提供复印件，提交原件验证，复印件加盖建设单位公章并注明原件存何处。

（三）公安消防部门认可文件。设计有消防要求的提供原件，即建设工程消防验收意见书。

（四）环保部门认可文件。设计有环保要求的提供原件，即环保局出具的《××市建设项目环境影响报告表》。

（五）施工图设计文件审查报告，根据有关规定提供原件。

（六）建设工程档案专项验收意见书，即由城建档案馆提供的建设工

程档案资料接收联系单原件。

六、法律依据

《中华人民共和国建筑法》第六十一条规定："交付竣工验收的建筑工程，必须符合规定的建筑工程质量标准，有完整的工程技术经济资料和经签署的工程保修书，并具备国家规定的其他竣工条件。建筑工程竣工经验收合格后，方可交付使用；未经验收或者验收不合格的，不得交付使用。"

第八章　ABO模式操作实务

第一节　交易结构

一、以国有企业为主体

由政府授权其属地的国有企业作为项目业主，由该国有企业整体负责项目的策划、投融资、开发、建设、运营等工作。该国有企业一般采用公开招标的方式选择建设单位，由中标的建设单位负责项目的施工。再通过公开招标的方式筛选项目的运营单位，中标的运营单位负责在项目完工后项目的运营工作。政府则根据授权合同及协议的约定对项目属地国有企业针对项目进行绩效考核，并支付授权经营服务费。

在此交易结构下，授权主体是县级、市级或以上的地方政府。被授权主体的身份为属地国有企业，且被授权的企业应该是在特定领域有丰富的市场优势、具备较强的融资能力和运营经验且自身信用评级在 AA+ 及以上或 AA 但具备较好资产抵押的属地国有企业。该属地国有企业在获得政府授权后，可自行建设，也可另行发包建设。属地国有企业通过项目的运营收入、政府支付的授权经营服务费以及自身的企业信用向银行等金融机构融资。该属地国有企业同样可以自行运营或通过公开招标的方式选择运营单位，运营单位通过代理运营协议获取相应的回报。

由此可见，ABO 模式相较于其他政企合作模式而言，适合具有较强的"自我造血功能"且盈利相对稳定的经营性项目或准经营性项目，实现项目正外部性内部化。

二、以项目管理公司为主体

政府授权属地国有企业作为项目持有人并通过公开招标的方式选择社会投资人，属地国有企业与社会投资人合资成立项目管理公司，由项目管理公司负责项目的资金募集、开发、建设以及运营等各相关具体工作。政府根据其与项目管理公司所签署的授权协议中约定的对属地国有企业进行业绩考核并支付授权经营服务费，属地国有企业同样根据与社会投资人的代理协议向项目管理公司支付相应的运营补贴费用。

在该交易结构下，项目管理公司负责项目的整体运作，并收取该项目的营业收入。项目公司以项目的运营收入、属地国有企业支付的运营补贴以及各股东的增信措施（或有）等为依托向金融机构融资。很多表述将该模式认定为 PPP 模式，本书不完全赞同。本书认为区别在于，项目管理公司在该模式下的角色类似于政府方出资代表，但它又是 ABO 模式政府直接支付授权经营服务费的主体，类似 PPP 模式中的实施机构角色。

三、片区 ABO 模式

由于 ABO 模式的优点较为突出，部分地方政府为了加大基础设施项目的建设，开始寻求新的发展机会。基于市场需求，ABO 模式也发生了变异，从而演化成了片区开发 ABO 模式。

以某片区开发项目为例，初步实施模式如下：

1. 交易结构

项目由地方政府授权园区管委会作为执行机构，授权属地国有企业综合开发权，由该属地国有企业负责选择合作方并成立合资公司，负责片区的规划设计、投资、建设、运营以及招商等工作。在片区增量财政实现后（主要为土地出让金留存收入），由园区管委会通过成本补贴、招商引资奖励等多种形式对属地国有企业进行补贴，属地国有企业再将相关费用支付给合资公司。

2. 合作期限

项目合作期限约 20 年。

3. 回报机制

该模式的回报机制包括两个方面。一方面，由园区管委会配合当地财政部门共同制定《片区开发补贴与奖励办法》。在片区实现财政收入的增量后，由当地财政部门根据上述奖励办法给予属地国有企业投资补贴或奖励资金。

另一方面，属地国有企业支付给合资公司的费用主要包括三个部分，分别是基础设施建设、招商引资以及项目运营维护。上述三个部分均按照"成本＋回报"的模式实施，即每年对投入的费用进行审计，在片区实现增量收入后，按照一定的投资回报率进行支付。

项目运营维护方面，未来会加入一些商业元素，合资公司需负责片区内商业设施的运营管理（商铺、停车场等），与之对应的运营收入将纳入合资公司的考核范围。

第二节　运作流程

以某省某市东部经济开发区为例，某地方平台公司参与片区开发的流程主要包括：前期阶段、项目业主授权阶段、项目核准/备案阶段、项目实施方案编写与现金流测算阶段、合伙人招标阶段、项目建设实施阶段与项目运营阶段。

一、项目前期准备阶段

该项目在正式开展之前，《中华人民共和国城乡规划法》（2019年4月23日第二次修正）第五条规定："城市总体规划、镇总体规划以及乡规划和村庄规划的编制，应当依据国民经济和社会发展规划，并与土地利用总体规划相衔接。"

二、项目业主授权阶段

首先，起草《片区综合开发主体确认的请示》，报市委市政府审批，明确本市级国有资本投资、运营企业，如地方市投资公司作为片区综合开发项目投资、建设、运营全周期唯一的实施主体。获批后，政府直接授权地方国有资本投资、运营公司（以下简称"市投资公司"），并与其签署授权协议《×××片区授权建设经营协议》，以明确其为片区综合开发项目投资、开发、建设实施主体。

三、项目核准 / 备案阶段

授权结束后，该项目本身不再为政府投资项目，而是属于企业投资项目。根据《企业投资项目核准和备案管理条例》的规定，企业使用自筹资金的项目，以及使用自己筹措的资金并申请使用政府投资补助或贷款贴息的项目为企业投资项目，按照规定进行核准或备案。其中，对于《国务院关于发布政府核准的投资项目目录的通知》中列明的项目类型采取核准模式，除此之外则采用备案模式。

四、项目实施方案编写与现金流测算阶段

为保证片区开发工作的顺利开展，以及后期运营收入能够实现投资的全覆盖并实现预期收益率目标，市投资公司根据城市总体规划、城市的控制性详细规划、政府对片区内产业发展规划，以及片区所在地区的实际情况等资料编写更为详细的《片区综合开发总体实施方案》，以锁定片区内建设的具体项目业态，以及对片区经营整体现金流进行测算，内容包括但不限于：项目内容（建设规模、建筑形态、建设标准、开发计划、投资总额）、开发时序安排、分阶段投入产出测算、财务模型（片区综合开发服务内容、投资额确认、投资回报等）、投资融资（投融资结构、融资方案）、监督管理与绩效考核体系、退出移交方式等。

五、合伙人招标阶段

市投资公司依据《片区开发授权建设经营协议》及《片区综合开发总体实施方案》，编制《片区综合开发城市合伙人招标文件》，通过公开招标的方式选择具备较强的片区投融资、规划建设以及运营管理能力的片区综

合开发城市合伙人。市投资公司与中标的合伙人签订《片区综合开发投资协议》，协议包括但不限于：合作年限、片区综合开发项目建设时序、投资规模、投资进度、投资回报、付款方式、考核约定、违约处罚等。

六、项目建设实施阶段

市投资公司与中标城市合伙人组建合资公司，并按照《片区综合开发投资协议》实施项目建设，编制项目年度投资计划、建设计划和资金需求计划。由地方政府对市投资公司进行监督管理及绩效考核。具体而言，项目实施建设阶段可进一步分为前期投资建设阶段与建设过程资金再筹措阶段。前一阶段的资金由合资公司负责筹措，并开展土地一级整理、保障性住房项目；后一阶段可通过建设资金再筹措，以保证建设期现金流的稳定。

七、项目运营阶段

合资公司完成片区开发项目建设后进入运营阶段，通过项目经营收益、产业导入、物业培育等方式对国有资本进行运营与运作以获取收益。合作到期后，依据市投资公司与合伙人签订的《片区综合开发投资协议》约定，双方权利义务履行完毕，并完成清算后，城市合伙人享有的权益自然终止，并将其持有的合资公司股权无偿转让给市投资公司。

第三节　合规性分析

在 ABO 操作模式中，很多行为都有合规上的风险，因此在执行方面应特别注意。

一、项目主体的确定风险

未通过竞争性程序（公开招标）确定社会资本方的，存在违规操作行为。

1. 法律层面

ABO 项目属于政府采购行为，根据《政府采购法》第二条、《政府采购法实施条例》第二条，以及《必须招标的工程项目规定》第二条等规定，主要从项目资金来源判定其是否属于政府采购活动。结合 ABO 模式的资金来源"本级财政资金加上级补助加银行贷款"和项目回款资金来源"运营维护期间每年按时支付一定的服务费用"来看，ABO 项目的资金性质依然属于财政性资金。同时，从 ABO 项目交易结构上看，是由社会资本方向政府方就基础设施和公共服务项目提供投资、建设、养护等整体服务，与企业之间合作、商业经营性项目合作等有较大的差别。因此，ABO 项目属于政府采购行为。

从项目实践运营来看，有的 ABO 项目一般通过采购程序或者以政府授权的方式来确定项目业主。对于项目业主，是否通过竞争性程序（公开招标等方式）授权项目业主并无统一要求。基于 ABO 项目模式属于政府采购行为，且政府方的采购内容和需求包含了"工程"和"服务"的前提，《政府采购法》第二十六条、《政府采购法实施条例》第二十三条等规定，确定供应商（即 ABO 模式下的项目业主或社会资本方）时应当通过公开招标、邀请招标、竞争性谈判等法定采购方式，系国家法律作出的强制性要求，意在保障政府采购活动的公开、公平和公正，最大限度地提高财政资金的使用效率。

2. 执行层面

如未通过竞争性程序确定社会资本方的，存在因程序不合法、不合规而导致授权协议面临无效的风险、政府方及其工作人员可能面临行政处分的风险，以及供应商可能面临赔偿责任和项目融资不能的衍生风险等。地方政府通过授权方式，授权属地国企成为项目业主。地方政府与属地国企的授权关系可以通过协议或其他法律文件的方式予以明确。

实际上，地方政府是否可以授权属地国企作为项目建设管理单位，一直是 ABO 类型项目运作当中最受争议的话题。政策层面，在 ABO 模式下，政府的直接授权行为与目前的政策规定并不矛盾，且能够找到相关文件支撑；从执行层面看，地方国企凭借在特定领域深耕多年的经验以及对属地实际情况的了解，往往更能有效地推动项目实施；从实际落地层面看，ABO 模式的项目也大都采用了直接授权的方式。

3. 规避手段

为了规避地方债务的政策红线，必要风险规避动作以及交易结构的调整是地方政府与属地国企必须重视的工作。由于 ABO 模式并没有专属的法律法规进行规范，所以地方政府在运营 ABO 模式的项目时，需要综合、全面地判断潜在风险，尽可能地优化、完善程序，确保项目操作过程中不触碰政策红线。例如，在隐性债务的认定方面，通过增量财政收入的一定百分比作为政府支出的上限并按效付费，做到切实以绩效作为付费依据。

二、变相举债和隐性债务风险

《财政部驻各地财政监察专员办事处实施地方政府债务监督暂行办法》（财预 [2016]175 号）规定："除发行地方政府债券、外债转贷外，地方政府及其所属部门不得以任何方式举借债务，不得为任何单位和个人的债务以任何方式提供担保。"

财政部发布的《关于进一步规范地方政府举债融资行为的通知》（财预 [2017]50 号）规定："地方政府举债一律采取在国务院批准的限额内发行地方政府债券方式，除此以外地方政府及其所属部门不得以任何方式举借债务。"

以上相关政策均明确地界定了地方政府融资举债的途径和方式，ABO 模式均不属于当前政策允许的政府融资举债，具有被认定为违法举债的风险。

在 ABO 模式下运营项目，虽然政府授权社会资本方代为履行项目业主职责，但实际上政府却发挥着筹集项目资金的融资功能。政府方除建设期补贴外，在运营维护期间也需逐年向项目管理公司支付服务费，而并非先有预算再采购或者事前经财政承受能力评估且事后列入预算管理，对于政府方的支出责任无法有效预期和控制，存在形成政府方隐性债务的可能性。

三、项目年限与现行法规政策规定的矛盾

《关于坚决制止地方以政府购买服务名义违法违规融资的通知》（财预 [2017] 87 号）规定："严禁将建设工程与服务打包作为政府购买服务项目。"

ABO 的具体采购类型，应从属于 ABO 协议中规定的采购内容。协议中规定的采购内容是服务，即属于政府购买服务；协议中规定的采购内容是工程，即属于政府采购工程。《政府购买服务管理办法》规定："政府采购法律、行政法规规定的货物和工程，以及将工程和服务打包的项目，以及融资行为，是不能纳入政府购买服务项目范围的。" ABO 模式的项目如果涉及工程建设和服务打包的问题，就不能直接通过政府购买服务的方式采购。即非经营性、收益低的项目，可以合规授权 ABO 模式，但属地国有企业、社会投资、市场运营，在后段经营期间内政府是不能违规对服务进行买单的。

四、服务费支出的性质、年限与现行法律法规的矛盾

从法律关系的性质上来看，无论是"委托代理"或是"授权经营"，ABO 模式并不存在明显的法律障碍；其障碍来源主要是授权经营服务费支出的性质、年限与现行法规政策规定的内容之间的矛盾。

第四节 ABO模式与PPP模式的关系

一、程序模式不同

ABO模式项目下，在确定项目业主（社会资本方）时，可能是通过公开招标等政府采购程序，也可能是由本级政府直接以授权方式确定项目业主而不进行任何采购程序（如2016年4月20日，北京市交通委员会代表北京市政府与京投正式签署《北京市轨道交通授权经营协议》，提出采用ABO模式，即由北京市政府授权京投履行北京市轨道交通业主职责，京投按照授权负责整合各类市场主体资源）。所以ABO模式项目确定合作方时，并不一定经由竞争性采购程序。

PPP模式下，由项目实施机构（业主方）通过公开招标等法定采购程序确定项目的民营合作方，采购程序系法定要求。同时，PPP模式需要经过必要的识别、论证等程序，只有通过"两评一案"，方可确定以PPP模式实施项目并依规启动采购程序。

因此，与PPP模式相比，ABO模式省去了前期必要的识别、论证程序以及采购程序。

二、合作期限的基本要求不同

ABO模式并无明确的合作年限限制，系根据政府方的具体授权内容和授权期限等因素确定合作期限。PPP模式基于长期合作、风险分担原则，

PPP 项目最短合作年限不得低于 10 年（含建设期），如合作期限低于该限制性要求，则存在项目合规性风险。

三、项目回报机制不同

ABO 模式项目下，由政府方根据项目的投资及运营维护成本，在运营维护期每年按时支付一定的服务费用，并无明确的按效付费要求以及政府列支费用纳入预算和中期财政规划的强制性要求。

而 PPP 模式需要根据项目类型、政府财政承受能力、是否有稳定使用者付费基础等因素，确定采用使用者付费、政府付费或可行性缺口补助的回报机制。同时，政府方付费责任须与项目绩效考核直接挂钩，并且政府支出责任必须依法纳入预算管理。

四、ABO 与 PPP 的关系

国办发 [2015]42 号文中广义 PPP 的定义为："政府采取竞争性方式择优选择具有投资、运营管理能力的社会资本，双方按照平等协商原则订立合同，明确责权利关系，由社会资本提供公共服务，政府依据公共服务绩效评价结果向社会资本支付相应对价，保证社会资本获得合理收益。"从这个角度出发，ABO 模式跟 PPP 模式应属于同一种类型。

第五节　风险防控

目前，ABO 项目面临的风险有以下几个方面。

一、合伙关系不够牢固

合伙企业，是指依照《中华人民共和国合伙企业法》在中国境内设立的自然人、法人和其他组织。这是一个营利组织，有两个或两个以上的合伙人订立合伙协议，共同出资，分享利益、共担风险，共同经营事业。ABO 模式下的合伙关系更为特殊。这体现在以下几个方面。

1. 合伙人结构

合伙人之一是政府或政府指定的人。这导致合伙企业在相互信任的基础上实施法律原则成为一个问题。

2. 信任度

政府对社会资本尤其是私人资本的信任度不高。ABO 项目的许多要求并不高，可能只需要花费 20 亿，但政府往往要求拥有上百亿自有资金的企业参与该项目。

3. 政策延续性

民间资本对于政府的诚意普遍接受，但相应的政策延续性较低。ABO 项目的周期一般较长，不确定性较高。所有这些因素都导致在特定的 ABO 项目中很难建立合作关系。

二、利益共享难度较大

ABO 项目中的公共部门和私营部门不得分享利润。目前在我国，民间资本的发展时间相对较短，基础和实力不强，处于成长和培育期。在内部逻辑上，它要求高利润回报，这反映了其资本的稀缺性。在 ABO 项目中，政府往往处于强势地位，公共服务的定价权和价格调整一般由政府决定。当市场尚未形成时，双方共同努力培育市场，使得利益共享在短时间内存在。然而一旦市场形成，双方目标不一致时往往会导致利益分享的平衡被打破，导致部分公司各自为政。合作是可以实现的，但绝对的分享是无法实现的，所以利益分享在某种程度上只是一种美好的愿望。

三、风险共担变为独自承担

在 ABO 中，通常要求公共部门和其他参与者尽可能承担自身优势的相关风险，并让另一方尽可能少地承担风险，以最小化整个项目的成本和风险。但由于单个 ABO 项目的特殊性使得各部门之间的障碍凸显出来。土地和规划的实施、水、电、路等配套应是政府承担和化解风险的责任，但作为一项不可推卸的责任，应由私人承担。风险分担演变为独自承担。对于单个 ABO 项目而言，政府的风险分担意识和能力被削弱。它促使 ABO 项目中的合作伙伴承担相应的风险，以确保其自身利益得到保障，从而增加项目成本。

四、风险的应对措施

1.培养契约精神

从契约精神的内涵、契约精神与价值体系的契合程度来看，中国的社会伦理结构处于高度契合状态。在民事活动中，自由和平等得到高度保障。中国的市场经济在很大程度上仍然是以家庭为导向的，个体工商户、小型加工厂和小型家族企业仍然是我国民营经济形态的主流。在经济活动中，这些小微企业除了遵守国家的法律法规外，大多还遵守中国社会伦理和价值观的约束，这也可以称为中国式的契约精神。随着这种精神的积累和升华，再加上经济的进一步发展，恪守合同、守信的完整理念将逐渐内化到我们的社会伦理结构中，使得 ABO 项目实施的价值基础变得稳定。

2. 形成伙伴意识

ABO 项目的实质，是政府向公众提供公共服务。ABO 模式源于政府资金的不足，但 ABO 模式绝对不是单纯为了解决政府缺钱的问题而存在。政府充分利用民营企业的资金、技术、人才和管理经验等，通过签订合同的方式有效地提高了公共服务供给的效率和质量，不仅解决了资金问题，还解决了长期机制问题。事实上，影响 ABO 项目发展的真正力量是公共管理改革的力量。通过改变体制机制，降低市场准入、打破垄断、引入竞争提高和优化公共产品和服务的供给和管理效率。这要求 ABO 项目参与者消除彼此之间的偏见，尤其是政府部门应该从提高和优化政府公共产品和服务的供给和管理效率的角度仔细审视、选择合作伙伴，最终使民间资本在 ABO 项目中处于真正的合作地位。

3. 大力培养民间资本

民间资本从无到有、从小到大，实现了跨越式发展，极大地完善和丰富了市场经济。根据国家统计局的相关数据，民间资本总额已超过国有资本。但是民间资本的单一主体非常小，无法与国有资本相比。对于 ABO

项目，初始融资要求在一定程度上限制了民间资本的参与。因此，鼓励和培育民间资本进一步扩大规模，使其能够适应 ABO 项目的刚性要求。政府同样可以尝试让养老基金、社保基金等体量大、收入稳定的资金有条件进入 ABO 项目，弥补民间资本的短板。

第四篇
政企合作项目风险防控

第九章　风险及防范

第一节　政策性风险及防范

相对于一般市政公共设施工程项目而言，政企合作开发的项目投资体量相对较大，建设周期也相对较长，涉及的参与者众多，如项目公司、政府、金融机构、银行、承包商、担保公司及保险公司、设备材料供应商、经营管理公司、公共产品（服务）消费者等。且各方之间责权利互有交叉、合同关系复杂，故项目涉及的风险点也相对较多，其中以政策性风险最为突出。政企合作中面临的主要政策性风险有以下几点：

一、政策变动带来的风险

国家宏观调控是经济和社会发展中政府的必要动作，政策变动也是宏观调控的重要手段之一。然而，政策变动同样会给政企合作带来巨大的影响。对正在实施的项目，国家出于宏观经济调控的考虑，对于与国家、地区和产业经济发展规划相符合的项目，会保持政策性、补贴性的支持，甚至是进一步加大扶持的力度；对于国家不再鼓励的项目，或者曾经符合国家发展政策但现如今已经过时的项目，便会出台相关的文件取消补贴或进行相关政策性限制。所以，政策性的导向是企业面临的最大也是最直接的风险之一，直接影响企业在项目中的发展和盈利。

二、与政府的合作关系带来的风险

政企合作开发项目的运作实施过程是一个系统性的统筹管理过程，比较常用的方式有 BOT、BT 等。而此类合作方式通常对企业有着相对较高的要求和相对严格的筛选标准。一方面，要求企业要有很强的资源支持，比如金融、贸易、技术、土地、交通、能源、通信、保险、广告等多方面资源配合；另一方面，要求私营企业与政府部门要做到实时的、密切的合作；同时，项目涉及了私营企业及多家关联机构的合作，既涉及融资、工程管理、资金管理、税收管理甚至外汇等经济问题，又涉及环保、法律、公众利益等社会性问题，所以需要政企合作双方在项目前期准备、施工以及运营的过程当中，投入足够的人力、物力对项目进行策划、管控和操作。其中，政府方对于项目的态度及政策支持力度、风险机制的分配及规定，起着至关重要的作用。也正是因此，企业需要采用合理的合作方式和合作身份与政府合作，并要对自身实力有充分认知。同时，要对项目特性以及市场环境做充分的调研工作。综上所述，只有合理的合作方式才是企业控制风险、实现利益的关键。

三、政府诚信风险

政企合作项目开发阶段，经常会因为市政建设项目紧急、地方财政资金缺乏等，地方政府为提高开发效率、加速项目开发进程而为合作企业提供各项优惠措施。但是在项目运作过程中，则可能有地方政府不诚信的情况，主要有以下几点：

1. 人事调动风险

人事调动风险，主要是指地方政府人事调动以及由于政策阶段性调整导致的诚信风险。政府与私营企业合作开发的项目运作周期及施工期限都相对较长，往往超过了政府官员的任期。此外，在特殊情况下，也会发生官员频繁调动的情况。当政府管理人员发生更迭时，新任的官员会因为政治追求不同以及政绩要求的改变调整甚至重新制定区域性、阶段性发展战略。经济战略的方向及重点产生的改变也通常会导致政策性补贴、支持力度、资金状况和项目预期的改变。

2. 利益调整风险

由于在项目开发及运营过程中，通常会有地方政府多个不同的机关及部门参与其中，不同机关及部门得到的实际收益往往会有不同。这也就导致了政府及下属机关及部门越位和缺位的情况越来越多。

3. 法律风险

是指现行政企合作法律法规的不健全导致的风险。目前，我国政府与企业合作最常采用的为 BOT 方式，但是到目前为止，仍然没有关于 BOT 投资项目的正规的、权威的法律、法规条文，也就间接导致了"政府诚信风险"在企业与政府合作开发项目中存在的可能性。

四、风险防控手段

除了体量差异巨大外，风险的系统性、关联性、多样性等也是政企合作项目与一般工程最大的区别。这些风险特点通常综合表现为项目风险的复杂性，因而其风险的评估与处置相对于一般风险评估和处置的流程也大不相同。在处理政企合作开发项目风险时，风控职能部门应根据项目的特点综合分析风险在项目总体风险系统中的重要级别及关联性。对于比较重要的和关联性较大的风险事件，应采取有效的风险处置措施来分散风险。例如，在 BOT 项目风险管理中，通常都要将风险发生的可能性降到一个可以接受的范围内，然后，再将承担风险的责任进行分散，并分配给最适合承担的参与方。

政企合作开发的项目在具体落地实施时，工程企业要能够做到熟悉地方政策及相关法规，并尽可能地预测国家宏观调控和政策变化的方向、趋势；同时，合同的订立要合规、合法，保证即使在政府相关管理人员变动时也有理有据。只有签订一个公平、公正的合作协议，才更有助于规避政策风险和政府信用风险；同时，坚持对市场的独立调研、做好可行性研究分析，而不单纯地依靠政府提供材料，才能对项目的风险及收益做出客观、准确的分析和评估；做好资金筹集规划，准备备用融资方案，才能帮助私营企业有效地控制项目风险。

第二节　财务风险及防范

政企合作项目通常情况下合作周期较长、资金体量巨大，且牵扯到的利益方众多，这也就造成了财务风险是政企合作项目面临的最大风险之一。

一、融资风险

和一般项目有所不同，政企合作项目大都为公共基础设施和公共服务项目，导致项目的综合利润率也比较低。这一明显的特征导致了此类项目在融资时就面临许多的困难。我国在经历了经济高速发展的时代后，现阶段的经济发展已经逐渐趋于稳定。在金融层面，由于受到供给侧结构性改革影响，政府及相关部门对社会金融的管控力度逐渐增强，使得贷款的审批周期越来越长，审批难度也随之增加。对于参与到政企合作中的社会资本方而言，由于贷款审批难度不断增加，最终导致项目周期与贷款审批时间过长，为资本方埋下了非常严重的资金断裂的隐患，即使在工程竣工后，资金的问题也很有可能会对政企合作项目造成持续而深刻的影响。

二、成本超支风险

在政企合作项目落地执行时，同样可能因政治、地理、风俗等因素的影响，导致施工时间延长以及修建成本增加。并且，在政企合作项目中，政企双方的合作周期较长，通货膨胀等不可抗力的影响也会随之放大，造成原材料的采购与基础设施建设时价格激增的情况出现。在此种情况下，项目的建设成本和运营成本也都会不可避免地增加。不仅如此，施工开发单位的综合管理水平也会对项目造价产生影响。施工单位管理水平较低，不仅缺少系统的管理体系、充足的工作经验、科学的岗位培训等，又缺乏项目成本管理的理念，极易造成项目建设及运营过程中对原材料的损耗加重和浪费的情况。对施工设备、器材的保养与管理工作的不到位，进而加重机器设备的负荷和不正当使用，导致磨损严重而影响使用寿命，不仅增加了使用成本，也会对施工效率和进度造成一定影响。对上述任何问题的忽视，都有可能会严重增加施工成本和影响项目施工的进度。另外，因为政企合作的施工工期及双方合作周期都相对较长，风险发生的概率也会随之相应增加。如果民营资本与政府签订的协议中，既没有关于价格波动及处理方式的具体细则，也没有关于对影响工程进度、增加成本的各种风险的承担划分和规避方法，当影响工程进度、增加项目造价的情况出现后，所有的风险和损失将由社会投资方独立承担。无论是哪种情况发生，企业都将面临严重的风险，也会直接影响到民营企业在项目中的经济效益。

三、税收政策变化风险

政企合作项目在落地执行周期内，无一例外地都会受到税收政策等因素的影响。一方面，国家为了维护市场经济稳定发展的新形势，会因时因地地对财政政策做出不同程度的调整，以使税收政策更加匹配经济发展的节奏。例如政府推行的"营改增"和调整增值税税率等，这些都是政府为使税收政策匹配市场经济稳定发展所做的工作。另一方面，各地方政府也会依据本地经济发展的情况，出台一系列与其地方经济发展状况最匹配的税收政策。随着税收政策的变动，社会资本方不仅要面对来自税收的巨大压力，也有可能面临项目经济效益受损的风险。综上所述，企业在参与政企合作的项目时，大都会面临税收政策变化的风险。

四、投资收益实现风险

投资收益实现风险，一般是指参与政企合作项目的民营企业能否按照预期的时间和体量获得项目收益的风险。影响项目利润实现的因素一般有市场需求的变化、价格的增减、运营期融资成本的升降、建设及运营成本的超支、政府支出与财政预算不匹配、政府补贴是否能够按时入账、市场竞争的不稳定因素以及绩效核查等。其中，建设及运营成本超支的情况大都是由于政府对服务和产品硬性标准的提升以及运营损耗、维修消耗成本增长等原因造成的。价格增减的风险，一般是由于政府出于平衡项目投资双方利益的考虑，干预并调整项目相关的具体价格，所以，政企双方在签订投资的合同时，应尽可能详细地列举出关于公共产品服务或商品价格的制定与调整的相关条款与细则。绩效核查风险，一般是指由于施工进度、质量或者服务质量没有达到约定水平而造成项目预期收入受损的风险。

政企合作是地方政府和社会资本方合作共赢的模式，在我国的兴起相对较晚，这也致使了目前我国政企合作项目以及各种衍生项目仍然存在很多问题，例如管理水平不足、运行规则不完善等，随之而来的风险水平也相对较高。企业在项目及工程的运行过程中，也面临各种各样因素的阻碍，导致合作中的私营企业方的财务风险还处于较高的水平。现状要求企业既要积极提高融资的管理水平，也要掌握政企合作项目所在地方的税收优惠政策及变动趋势。只有企业不断成长，才可以科学地规避风险、合理地控制成本，最终在项目中与政府方实现共赢并推动政企合作的发展。

第三节　营运风险及防范

政企合作的模式已经推广已久，经历了长时间的摸索和实践，我国已经积累了规模可观的政企合作项目经验，大部分项目成功竣工并进入了运营维护阶段。由于参与开发建设的大部分民营企业以工程、施工擅长的专业性企业居多，使得公共产品和服务运营仍处于探索实践阶段，随之而来的风险也逐渐显露。掌握分析并处置政企合作项目运营期间的各类风险是私营企业成功运营项目的必修课，对于促进政企合作发展、私营企业转型、社会经济稳步提升都具有重大意义。

一、项目决算评审风险

在大部分政企合作项目中，地方财政评审都将持续至运营期，这也就意味着建设投资款的决算也将在运营期间执行。工程决算，通常包含工程建设费用、工程建设其他费用、建设期财务费用和基本预备费用的结算审核。如合作合同或协议中另有约定的，还需要政府重新进行审计并最终确定项目的竣工决算金额。

此外，在项目建设中无可避免项目施工方案、设计方案或投资方案发生变更的情况。方案的变更，就涉及工程预算的调整，并会影响项目的最终决算金额。在使用者付费的情况下，无论是政府付费还是社会使用者付费，最终决算金额是运营期间定价的基础。政府可行性缺口补助也常以项目的最终决算的投资额为基数进行计算。因此，政企合作项目的财政评审结果和最终决算金额，直接决定了项目运营期间企业的现金流入和营业收入，是企业在该项目中收益与否的重要参考指标。

二、运营管理经验不足风险

政企合作项目的项目管理公司基本上是项目承包公司以及民营资本为实施政企合作项目而成立的有限公司，管理人员和技术人员也大都长期从事项目工程施工及技术的工作，相对而言，缺乏专业的运营及管理人员的运维技术和经验，尤其在商业层面更是缺少足够的专业眼光。政企合作项目在进入运营周期后，开发和建设工作基本宣告结束，更多的是项目运营的工作，比如物业管理、招商、商业配套开发、服务等。政企合作项目的项目管理公司如果弱化了运营管理方面的专业技术和资源，无法实现项目的高效运营，将直接影响项目提供公共服务和产品的质量，致使运营期绩效考评及使用者付费收入受到影响，导致该项目的综合收益受损。

三、市场收益不足风险

市场供求关系会随着社会的不断发展而发生改变，加之政企合作项目开发建设周期相对较长，所以在项目初期对收益的测算准确性相对较低且局限性较大，对市场的预期判断与实际需求之间必然会存在一定差异，致使项目运营的实际收入无法达到预期收入水平。例如，周边常住人口数量不足、对市场需求评估过高等因素都会导致项目商业配套设施供大于求，使用者付费收入低于项目预期收入，难以支撑项目的运营。

四、成本管控风险

由于对国家政策及周边环境的发展变化无法做到准确预测以及运营管理经验不足，导致施工企业对项目实际运营成本和维护、维修成本预计不足，出现收入难以弥补运营成本支出的情况。此外，国家政策及环境的变化影响也有可能导致项目面临融资、人工及开发成本增加的情况。再或者由于社会不断进步、消费理念改变，社会公众对公共产品及服务的要求不断提高也会导致项目的实际运营成本增加。

五、运营绩效考核风险

政企合作项目的合同及协议中通常都有关于项目绩效的约定。政府可行性缺口补助金额通常也会按照项目运营的绩效考核结果进行支付，也就是政企项目合作的绩效考核机制。运营期间项目的绩效考核评分直接关系着项目的运营收入能否全部实现。如企业缺乏运营管理经验或相关人才，抑或疏于管理，则会影响到项目的绩效考核结果，运营收益也会相应受到损失。

六、运营维护安全风险

项目竣工后，建设层面的风险基本消除，此时防范事故发生、确保资产安全运营和维护运营设备是运营管理的重点。例如，下管廊项目运营，确保廊内设备正常、安全地运转，燃气舱、管廊高压电力舱等高危险等级的资产安全运营，防范管廊内发生火灾、水灾、人身安全及环境污染等事故就成了运营期间的重点工作。

七、资金流错配风险

运营期将进入债务资金的还款期，如果收取使用者付费和政府可行性缺口补助的时间滞后于还贷时间，则会出现现金流出与流入时间节点不一致的情况，产生资金流时间上的错配风险。[①]

八、税务管理风险

目前，对政企合作项目的政府可行性缺口补助的纳税义务问题尚存在一定的争议。将政府可行性缺口补助视为对政企合作项目使用者付费不足的补助，或是入不敷出的补贴，会形成是否应纳增值税的问题，前者需缴纳增值税而后者一般不需要缴纳。在企业所得税层面，政府对于基础设施、环境保护等设立了一定的优惠政策，而对于项目公司来说，执行中依然会存在很多障碍，导致许多优惠政策难以落实。譬如，往往因项目公司成立年限或规模问题，使其税收优惠资格的认定困难，认定过程中主管税务机关对于项目公司主体及所处行业在理解上也可能存在偏差。

在国家财政、金融政策日臻成熟完善的今天，施工和运营企业要紧跟

---

① 刘亚萌，陈晶 .PPP 项目运营中的风险识别 . 管理观察，2017（02）。

时代的步伐，加速转型升级，在不断提升政企合作项目运营管理质量的同时，切实防范运营期各类风险的发生，保障政企合作项目的经济效益和社会效益。当然，政企合作项目要实现长远健康的发展，还需建立健全社会信用机制，增强社会契约精神，加强对社会资本的信用约束，这样才能有效推动政企合作基础设施项目的可持续发展。①

---

① 张春平 .BOT 模式下 PPP 项目涉税问题探讨 . 税务研究，2018（04）

第十章　建立完善的应对机制

第一节　政府部门的大力支持

政企合作方案是为了加强政府和企业之间的合作和协作，共同促进经济的发展和社会的进步。其中，政企合作的关键取决于政府是否大力支持。

在优化营商环境上，政府要拓宽知名民企投资的领域和范围，积极鼓励、支持和引导非公有制经济发展，切实维护民企的合法权益。强化投资服务，在国家法律法规和政策允许的范围内，各地、各有关部门要进一步简化办事程序，规范服务流程，提供高效、便捷的服务。鼓励和引导知名民企通过参股、控股、资产收购等方式参与国有企业改制重组，支持有条件的知名民企通过联合重组等方式进一步壮大实力。对知名民企合作项目要强化投资服务、加强财政资金引导、加大金融服务支持、完善配套措施。

政府要延长产业链条，拓展可投优质项目。紧紧围绕地方产业发展需求，立足招大选优引强，不断拓宽招商领域，大力实施产业大招商。在结合精品优势产业的基础上，坚持招大引强与配套引进相结合，促进产业集聚集群发展；坚持龙头引领，着眼产业高端和关键节点，推动从"单一项目、单一企业"的招引向"构建完整产业链、促进产业集聚发展"转变，努力实现招商引资工作新突破。

在保障措施上，政府应加强组织领导，健全工作机制，加强跟踪服务，营造合作发展氛围。各地、各有关部门要全面落实项目跟踪服务和分级协调处理等工作机制，主动加强沟通衔接，更加有效地贴近知名民企的发展需求，及时解决合作发展中遇到的困难和问题，为项目实施提供有效服务和便利条件。

此外，解决地方政府在政企合作项目运营过程中可能出现的违约行为，要在立法上规范地方政府的信用建设并加强对地方政府的行为约束。目前需要做的工作有：

一是积极推进政府信用法律制度建设。出台关于政府信用建设的法律文件，从顶层制度上加强政府的信用意识，为地方政府的信用管理提供法律依据。

二是成立约束地方政府行为的奖惩机制。在对地方政府的履约行为给予一定奖励的同时，加大对地方政府违约的处罚力度，从法律层面明确地方政府随意撕毁合同的违约责任，并依法追究其主要负责人的法律责任，以此约束地方政府的毁约行为，保障社会资本方的合法权益。

三是立法上要加强政企合作项目的信息披露。加强对政府披露全流程文件的约束力，以此加大社会公众对政府信用的监督，加强政府在政企合作项目中的履约意识。①

不仅如此，政府应进一步为多元化的融资体制提供制度保障。

针对目前民营资本普遍存在的融资难、融资贵问题，相关法律文件要进一步在法律制度上探寻并规范多元化的融资体制。

一是从立法上进一步明确政策性金融机构为政企合作项目提供长期、大额、低息资金的保障职能。并规定只要政企合作项目符合流程规范，在不存在重大风险的前提下，政策性金融机构就应该承担起为政企合作项目融资的职能，以此缓解社会资本方的融资压力。

二是出台税收减免、无息贷款等财政优惠政策。基础设施建设前期投入大、周期长，到运营阶段才有现金流入，因此，项目的前期现金流压力较大。为了有效缓解项目企业的资金压力，需要政府在企业的贷款、收费方面给予一定的优惠，相关法律文件要对其作出明确的说明。

三是进一步探索多元化的融资体制，积极推动股权、信贷、发债等多途径的融资方式。②

关于政府与社会资本之间的风险分担问题，有关文件已简要地说明了风险的分担原则。如《政府和社会资本合作模式操作指南（试行）》（财金[2014]113号）中提出，按照风险与可承受力相匹配的原则，项目的设计、建造、运营及财务风险由社会资本承担，法律、政策与最低需求等风险由政府承担，不可抗力由政府与社会资本共同承担。未来要在政府与社会资

_____

① 温来成，宋樊君.我国PPP法律制度建设现状、问题及对策建议.财政监督，2017（02）

② 陈锦石.关于加快推进PPP立法，解决民营企业参与难问题.十三届全国人大一次会议，2018年。

本风险分担原则的基础上，进一步明确是由哪个层面引起的风险，不能笼统地认为政策和法律风险一定由政府承担，应该要看哪级政府引发的风险，谁最有承担风险的能力。因此，未来在风险分担上要进一步细化承担风险的层级主体，避免因风险分担主体模糊而增加地方政府财政压力。并且，针对政府和社会资本的共担风险，要进一步细化分担准则，明确社会资本的风险分担比例及限额，有效划定政府和社会资本各自需要承担的风险责任，减少双方具体风险分担的不确定性，以此为社会资本有效防范风险提供一定的法律保障。

目前，对于政企合作项目，并没有相关文件对项目的合理利益做出范围性的规定，而是仅仅对项目利益的控制原则做了有关解释。地方政府及有关部门需要在具体的法律法规文件中进一步明确项目过高或者过低的利益标准，并结合定量化的手段对项目利益范围进行合理划定。此外，建立与项目回报机制相匹配的动态价格调节机制将有助于有效地权衡政企合作双方的利益回报，并在相应的法律法规等文件中予以明确，这一点对于收益波动较大的政企项目尤为重要。如政企合作项目的收益回报超出合同约定的回报上限，也需进一步明确超额利润的分配原则。政企双方仍需通过动态价格调节机制降低公共服务及产品的价格，调低使用者付费金额，在保障社会资本及民营企业合理利润的同时保护社会公众利益；如项目的回报收益低于合同及协议约定的范围下限，可采取可行性缺口补贴的方式，抑或通过动态价格调节机制提高公共服务及产品的价格，以保证民营企业和社会资本的合理利益。合理的收益分配机制与动态价格调节机制的应用，不仅能有效地控制社会资本面临的回报波动风险，还可以为政府、民营企业及社会公众提供一个公平公正的权益分配。

对于政府的违约风险，不仅要从法律层面上加强对地方政府及相关部门信用的约束，更要在项目层面上建立高效的再谈判机制。再谈判在政企合作项目中起着非常重要的作用，同时，再谈判的执行效率在很大程度上严重影响着社会资本的权益。故在政企合作中不仅要设立高效、独立的再谈判机制，更要不断完善并出台明确的再谈判机制的法律法规条文，并进一步明确再谈判的相关规定以及具体流程。只有从法律层面上明确再谈判的地点、双方各自的权利与义务、主要负责机构及谈判地点等关键要素，才能将再谈判的风险降到最低。

第二节 完善相关法律法规

所有的政企合作项目都需要建立在完善的法律基础之上，能否尽快完善政企合作相关法律法规并建立一套高效的法律法规体系，是决定政企合作以及市政公共基础设施能否进一步发展的关键因素。

一、尽快推动 PPP 的立法进程

政企合作模式在我国已经初具规模，但并未形成国家层面的法律法规体系。目前，各部门及地方政府虽然出台了相关文件，但规章制度层级普遍较低，各个地方文件之间也存在差异，这些法规及指导文件之间的重叠和差异也无法在实践中形成准确可靠的指导意义。实践中，政企合作模式的运行是非常复杂的，政企合作项目投资金额巨大、运营周期较长，在运营期间还存在政府换届问题，政府和社会资本双方面临的风险均较大。因此，一套完整、规范的政企合作法律体系是保障政企合作模式参与各方权利和利益的首要保障。

首先，尽快明确和建立负责政企合作立法的职能机构，尽快启动政企合作立法工作。鉴于目前国家发改委和财政部在立法工作上存在争议，可以考虑由国务院牵头并成立专门的立法机构，负责和协调 PPP 立法工作，以此减少争议，尽快促成政企合作立法。

其次，由立法机关尽快推进政企合作法治建设，建立专门的政企合作等法律制度。在立法进程中，要进一步明确各执行部门之间的分工、协调、审批、监管等问题，同时注重对项目的准备、识别、采购、执行、移交各个环节以及相关利益主体的权利和义务做出明确的规范。

最后，在推进统一立法的过程中，还要注意协调和统筹目前各部门出台的政企合作政策文件，发挥现有的政策法规对政企合作立法的有力支持，进一步做到法律文件与现有政策法规的融会贯通，这是进一步完善政企合作模式法律体系的基础。鉴于此，国家发改委与财政部未来应不断地调整和深化对政企合作和特许经营的理解，逐步化解对政企合作和特许经营这两者认识上的冲突。对于这两部门在立法工作中存在的重叠之处，未来要注意避免重复劳动造成的资源浪费，做到两部法规合二为一，这是推动政企合作立法的必然举措。

针对《政府和社会资本合作法（征求意见稿）》和《基础设施和公用事业特许经营管理办法》之间的冲突，笔者认为，若想要化解这两部法规的矛盾之处，首先要明确它们各自的法律属性。从概念界定来看，根据英国和法国的经验，政企合作包括了政府购买服务和特许经营两种方式，也就是说，政企合作的范围要广于特许经营。从适用的法律文件来看，政企合作合同是社会资本与政府签署的合作合同，并且在项目实施阶段政府和社会投资者处于平等的地位，双方都要享有权利并承担义务。因此，政企合作更加适用于民事法范畴。而政府特许经营是在政府许可的前提下，被许可方经营有关政府项目，在该框架下，政府是许可方和监督方，社会机构是被许可方和执行方，带有一定的行政色彩。因此，可将特许经营协议定位为行政协议，并将特许经营定位为行政法范畴。

其次，在进行统一立法时，要明确政企合作和政府特许经营的法律属性。考虑到政企合作项目的法律适用性及法律规范的全面性，应在坚持《政府和社会资本合作法》方向的同时，适时将它们的交叉领域合二为一，冲突领域作适当调整，做到统筹协调，进一步理顺政企合作与政府特许经营的关系。

最后，针对《传统基础设施领域实施政府和社会资本合作项目工作导则》和《政府和社会资本合作项目财政管理暂行办法》之间的冲突，解决的关键并不是尽快划清基础设施领域和公共服务领域的界限。因为很多基础设施本来就是提供公共服务的，社会群体获得的也是基础设施提供的公共服务，例如教育、医疗等政企合作项目。诸如此类的项目本来就是一个整体，没法区分。如果将同一个项目的基础设施属性和公共服务属性区分开，也就没法提高政企合作的整体效率。因此，未来政企合作政策应在一个更高的层次上统一口径，进一步加强部门间的协调力，形成一定的政策合力。对于涉及多部门的政策文件，建议联合发文，并征求其他部门的意见，形成政策统一，精准发力。

二、从立法上规范政企合作模式的监管机构

目前，我国并没有专门的机构负责政企合作模式的立法、推广及监管工作。而国家发改委和财政部作为政企合作的发起机构，共同承担着政企合作模式的立法、推广和监管任务，但由于这两家主管机构的职能划分不清，影响了其对政企合作模式的监管效用。如果这两部委不能协调好它们各自的职责，那么它们均无法真正成为有效率的立法和监管组织。

因此，未来应从立法上赋予相关部门监管职能并建立一个职能相对独立的监管机构，确保政企合作项目得到明确、有效的监管。从操作的可行性来看，一是可以将发改委和财政部涉及政企合作领域的监管职能进行划分，将政企合作的监管职责分配给其中一个机构。相比较而言，财政部在政府补贴、财税优惠、公共服务职能等方面发挥着主导作用，并且《政府和社会资本合作法（征求意见稿）》由财政部设立并实施，财政部可以作为政企合作模式的主管机构，进而建立国家层面的政企合作监管机构。二是可以成立独立于发改委和财政部等现有机构的政企合作专门监管机构，可由国务院设立国家政企合作监管中心，单独行使对政企合作的监管职能。①

---

① 温来成，宋樊君.我国PPP法律制度建设现状、问题及对策建议.财政监督，2017（02）。

第三节　确立合理的风险分担机制

加强风险防范的法律制度建设，建立有效合理的风险分担机制，是影响政企合作能否成功落地、高效运转的重要因素。

一、细致的风险分担规范

在政企合作项目中，为了保护政府权益，需要在风险防范和分担上做出明确的界定和规范。例如，在现有法规政策中，有文件明确指出，一年内政府在政企合作领域的支出一般不得超过一般公共预算的 10%，并且各地方根据实际可做调整。①类似财政支出管理相对较弱的问题，应进一步明确地方政府和民营企业合作中政府的合理支出限额，什么情况下可以超过公共预算的 10%，反之亦然，并且对超支额度也应明确具体标准。

二、合理的风险监控机制

要合理地权衡政府和企业的风险，需要建立全面的、科学的风险监控技术和分担、管理方法，全面地、科学地对项目风险进行评估和处置。尤其是在项目早期的论证阶段，应对项目风险建立准确的物有所值评价模型，在定性分析的基础上实现定量分析，并更加精准地论证政企合作项目是否能够通过物有所值评价模型将风险控制工作在项目前期就介入执行；

---

① 财政部.关于印发《政府和社会资本合作项目财政承受能力论证指引》的通知（财金〔2015〕21 号）第二十五条，2015 年。

采购也是项目落地执行中资金支出和风险高发的重要环节，制定并选择合理的采购指标体系并建立政府财政风险指数评价体系，并以此为模型、为依据筛选优秀的民营企业合作者；在政企合作项目的运营阶段，同样需要建立有效、完善的风险动态监测模型并设定合理的风险阈值，更好地监测并记录项目运营期间的动态风险并形成大数据模型，及时预警并处置项目中出现的财政风险，将项目风险控制在政府可接受范围内。形成数据模型亦可作为后续政企合作项目的数据支持。

三、高效的风险监管制度

要建立完善、高效的政企合作风险监管制度。全流程、全方位的监管制度是有效防范项目风险的重要前提。长期地、有效地将政府风险防患于未然，离不开有效的风险监管体系。政企合作项目流程的监管主要分为前期可行性论证监管、项目融资风险监管、项目采购合规性监管、项目运营风险监管及项目移交监管五大流程。其中，项目可行性监管，通常是通过可行性论证、物有所值评价，筛选并确认适合政企合作模式操作的项目；项目融资风险监管，主要针对项目投资款筹集的流程，监测项目融资方式、流程等是否合乎法律规定，融资方式和融资规模与项目需求是否匹配，是否存在违规行为的同时确保政府财政支出比例等是否在合理范围内；项目采购合规性监管，主要是监管政府在项目采购过程中是否合规，采购程序是否符合政策要求；项目运营风险监管，是针对不同项目建立相应的风险预警及处置机制，对项目运营过程中可能发生的风险及时发现、及时预警、及时处置；项目移交监管，主要是监管项目的运营绩效及项目移交过程中的合规性。项目风险管理制度的建立，通常至少要包含这五大流程的监管程序，并且确定主要监管主体及其监管职责，将全流程监管制度落实到位并做好相关统计工作。

四、完善的风险分担细则

在相关政策及文件的条文中，也要进一步完善在政企合作项目的风险中政府的分担细则。目前，政企合作项目中政府相关风险防范机制仍存在欠缺，应针对每一个政企合作项目完善政府风险的分担细则，以明确政府承担的风险边界及风险份额。

第四节　建立公平合理的公共产品定价机制

公共产品及服务的价格是政企合作项目中三方参与者——社会公众、民营企业和政府共同关注的焦点。对于采取何种方法定价，各方站在不同的立场，势必会存在一些不同的意见，既要让民营企业（投资方、运营管理公司）获得合理的利润和回报，同时又要让社会公众获得满意的公共产品和服务。如果公共产品价格和基础设施服务费用的定价低于实际市场价格，政府应该向提供公共服务或产品的民营企业施行补贴政策。同样，政府及相关管理部门也有义务制止民营企业的一切不合理提价行为，并且监督其提供符合质量和标准的公共服务及产品。具体措施如下：

一、加快公共产品定价的法治化进程

进一步加速公共产品定价的法治化进程，并制定用于规范公共服务及产品定价的专项法律条文、条款，明确定价的目标、范围、方法、流程及

监督和法律责任等，明确政府及相关部门、私营企业和消费者之间的责任、权利及义务，为实现有效协调、依法定价及保护公共利益提供法律依据。同时，完善价格诚信体系、成本约束机制，约束不合理定价行为、抑制不正当竞争行为，切实保障政企合作项目各参与方的合法权益。

二、完善项目的信息披露制度

为了有效地消除政府及民营企业在项目定价环节中的信息不对称，加速政企分离，使政府定价更好、更准确地反映项目成本，就需要建立健全完善的信息披露制度并出具准确的信息报告。譬如，要求负责项目建设运营的民营企业定期公布项目经营状况，以便政府及时把握项目的开发、经营及投资状况，对企业及项目的财务数据，委托专业、独立的第三方会计公司进行严格核算，政府定价部门和相关监督管理部门对企业及项目的财务数据以及中介服务机构的核算进行严格审计。政府在定价过程中可以对比类似项目、比照相似企业，尤其是同区域同行业的开发、运营成本及价格，通过项目约定的绩效评价，确定该公共服务及产品的收费标准。此外，加速政企分离也有利于更好地对民营企业进行监管，提高企业的开发、运营效率及减轻竞争压力，降低企业成本，优化公共服务及产品的服务质量和价格，强化企业服务意识。

三、合理的公共产品定价机制

强化市场竞争机制，打破单一成本定价模式。根据不同的公共服务及产品制定不同的定价方法，形成不同的差价及比价，不仅可以节约资源，亦可提高项目开发及运营的效率。伴随我国市场经济的蓬勃发展，灵活的产品价格、合理的定价策略不仅能够提高公共产品的配置效率，更有助于提高公共设施及产品的开发效率。不同的定价策略间接地引入了市场竞争机制，维持公共服务及产品的市场竞争力，让市场机制在公共产品价格领域中起到积极的作用。①

---

① 田建中.再探我国公共产品定价中存在的问题和对策.渤海大学学报（哲学社会科学版），2011（05）